JOHN L. AUSTIN

Sinn und Sinneserfahrung
(Sense and Sensibilia)

Nach den Vorlesungsmanuskripten
zusammengestellt und herausgegeben
von G. J. Warnock

AUS DEM ENGLISCHEN ÜBERSETZT
VON EVA CASSIRER

PHILIPP RECLAM JUN. STUTTGART

Universal-Bibliothek Nr. 9803 [3]
Alle Rechte vorbehalten. © Philipp Reclam jun. Stuttgart 1975
Die Übersetzung erscheint mit Genehmigung von The Clarendon
Press Oxford. © Oxford University Press 1962. Gesetzt in Borgis
Garamond-Antiqua. Printed in Germany 1975. Herstellung:
Reclam Stuttgart
ISBN 3-15-009803-3 (kart.) ISBN 3-15-029803-2 (geb.)

Vorwort

Austin (1911–60) hat oft Vorlesungen über die Probleme gehalten, von denen dieses Buch handelt. Die ersten Vorlesungen, die im wesentlichen der hier vorliegenden Form entsprechen, hielt er im Sommertrimester 1947 in Oxford unter dem allgemeinen Titel »Probleme der Philosophie«. Er verwendete den Titel »Sense and Sensibilia« zuerst im Sommertrimester des folgenden Jahres, und dieses war der Titel, den er auch weiterhin beibehielt.

In diesem wie in anderen Fällen hat Austin seine Notizen wiederholt geändert und neu geschrieben. Einige undatierte und sehr fragmentarische Notizen sind uns erhalten geblieben; es sind vermutlich diejenigen, die er im Jahre 1947 benutzte. Er bereitete eine andere Reihe von Notizen im Jahre 1948 vor und wieder andere 1949. Dieses Manuskript, in dem Austin im Jahre 1955 Eintragungen und Korrekturen vornahm, behandelt die ersten Teile seines Arguments ziemlich detailliert, dagegen sind die Notizen für die späteren Vorlesungen viel weniger ausführlich und auch offensichtlich nicht vollständig. Eine vierte Serie von Notizen wurde 1955 geschrieben, und die letzte 1958 für die Vorlesungen, die Austin im Herbst jenes Jahres an der Universität von Kalifornien hielt. Die letzten Vorlesungen über »Sense and Sensibilia« hielt er in Oxford im Wintertrimester 1959.

Zusätzlich zu diesen mehr oder weniger kontinuierlichen Entwürfen enthielten Austins Papiere eine Anzahl von losen Blättern verschiedenen Datums mit

Notizen über dasselbe Problemgebiet. Die Substanz vieler dieser Blätter wurde in die Notizen für seine Vorlesungen übernommen und daher auch in dieses Buch eingebracht. Einige dieser Bemerkungen scheinen jedoch nur versuchsweise und mit Vorbehalt gemacht worden zu sein; andere, obwohl manchmal sehr ausführlich, wurden eindeutig im Verlauf der Vorbereitungen zu den entworfenen Vorlesungen gemacht, waren aber nicht zur Aufnahme in diese selbst bestimmt.

Das ganze handschriftliche Material befindet sich jetzt in der Bodleian Library und kann dort eingesehen werden.

Die späteren Notizen aus den Jahren 1955 und 1958 behandeln die besprochenen Themen nicht vollständig. Sie bestehen zum großen Teil aus zusätzlichem Material, und der Rest bezieht sich auf die Entwürfe von 1948 und 1949, mit geringen Umänderungen und Korrekturen. Dieses zusätzliche Material erscheint im vorliegenden Text hauptsächlich im Abschnitt VII, im späteren Teil von Abschnitt X und im Abschnitt XI. In seinen Vorlesungen in Berkeley (Kalifornien) benutzte Austin auch etwas von dem Material seines Artikels »Unfair to Facts« [Unfair gegen Tatsachen]; aber dies wurde normalerweise nicht in seine Vorlesungen zu diesem Thema aufgenommen und wird hier ausgelassen, da der Artikel selbst inzwischen im Druck erschienen ist.

Es ist vielleicht notwendig, etwas ausführlicher zu erklären, wie der vorliegende Text zusammengestellt wurde. Austin hatte zweifellos gemeint, daß seine Arbeit über Perzeption (Wahrnehmung) eines Tages veröffentlicht werden würde, aber er selbst hatte nie damit begonnen, sie für die Veröffentlichung vorzubereiten. Also waren seine Notizen eben nur so, wie er sie zur Vorlesung brauchte. Und es ist, von unserem Standpunkt aus gesehen, schade, daß sein Vortrag absolut flüssig und präzise war, ohne daß er seine Aufzeichnungen voll auszuarbeiten brauchte. Es war daher unmöglich, seine Notizen so zu veröffentlichen, wie man sie vorfand; in dieser Form wären sie unlesbar und tatsächlich kaum verständlich gewesen. Es wurde daher entschieden, sie in zusammenhängender Weise auszuschreiben; und man muß sich vergegenwärtigen, daß der folgende Text, obwohl er so genau wie möglich auf Austins Notizen basiert, doch kaum einen Satz enthält, der eine direkte Übertragung seines eigenen Manuskripts wäre. Die hier veröffentlichte Version lehnt sich in den Abschnitten I bis VI, VIII und IX, in denen seine Argumentation sich seit 1947 wenig verändert hat, am engsten an Austins Notizen an. In den Abschnitten VII, X und XI jedoch war es viel schwieriger, aus seinen Notizen zu ersehen, wie und in welcher Anordnung sein Argument zu entwickeln sei, obwohl kein Zweifel daran besteht, *was* Austins Argument war. In diesen Abschnitten sollte sich also der Leser besonders davor hüten, zu viel Gewicht auf jedes Detail der Darstellung zu legen. Hier kann am wenigsten die Möglichkeit redaktioneller Fehler ausgeschlossen werden.

Es ist in der Tat kaum zu hoffen, daß sie sich nicht auch anderswo eingeschlichen haben. Der vorliegende Text ist, was die reine Anzahl der Wörter betrifft, sicher fünf- bis sechsmal so lang wie selbst die voll-

ständigste Reihe vorgefundener Notizen; und obwohl
kein Grund für einen Zweifel besteht, daß Austins
Ansichten in der Substanz hier richtig wiedergegeben
werden, kann man doch unmöglich ganz sicher sein,
daß sie nicht irgendwo im Detail falsch dargestellt
worden sind. Seine *genaue* Ansicht – wie er z. B. in
der Vorlesung einen Ausdruck oder sogar ein einzel-
nes Wort modifiziert oder erläutert hätte – muß gelegentlich Vermutung bleiben; und an manchen Stellen ist es sehr wohl möglich, daß ein anderer Heraus-
geber eine andere Interpretation gewählt hätte. Dies
ist eine Folge der unbefriedigenden, aber in diesem
Falle notwendigen Prozedur des Um- und Neuschrei-
bens. Der folgende Text darf also nicht als eine wört-
liche Wiedergabe dessen gelesen werden, was Austin
tatsächlich in seinen Vorlesungen gesagt hat. Und es
kommt natürlich auch dem nicht nahe – ist dem vielleicht nicht einmal ähnlich –, was er geschrieben hätte,
wenn er selbst den Text über dieses Thema zur Veröffentlichung vorbereitet hätte. Das einzige, was ich
behaupten kann – und ich wage dies mit Zuversicht
zu behaupten –, ist, daß in allem, was die Substanz
(und auch in *vielem*, was die Formulierung) anlangt,
sein *Argument* genau das war, was dieses Buch enthält. In der Tat: wenn es nicht möglich wäre, diesen
Anspruch zu erheben, wäre eine Veröffentlichung des
Buches in dieser Form nicht in Frage gekommen.
Ich möchte hinzufügen, daß die Einteilung des Textes
in Kapitel nicht von Austin stammt und nur vorgenommen wurde, um die aufeinanderfolgenden Phasen
der Diskussion zu unterscheiden. Seine eigene Unter-
teilung in einzelne Vorlesungen war natürlich unver-

meidlicherweise etwas willkürlich und auch nicht immer dieselbe, so daß es weder wünschenswert noch praktisch erschien, sie beizubehalten.

Einige der Hörer von Austins Vorlesungen in Oxford und Amerika waren so freundlich, mir ihre Vorlesungsnotizen zu schicken. Diese waren eine große Hilfe für mich – vor allem die von G. W. Pitcher in Princeton und die von Mitgliedern des Department of Philosophy in Berkeley, Kalifornien, die fast so ausführlich waren wie Austins eigene. Es steht zu befürchten, daß diejenigen, die die Vorlesungen selbst gehört haben (wie ich im Jahre 1947), das Buch als eine höchst unvollkommene Annäherung an das betrachten werden, was Austin gesagt hat. Ich hoffe nur, daß sie mit mir der Meinung sind, daß selbst diese Art eines bleibenden Protokolls besser ist als gar keine.

Ich möchte J. O. Urmson, der den Text in Maschinenschrift-Fassung gelesen und viele nützliche Verbesserungsvorschläge gemacht hat, meinen Dank aussprechen.

November 1960   *G. J. Warnock*

Vorbemerkung des Übersetzers

Diese häufig vorkommenden Wörter wurden auf folgende Weise übersetzt:

illusion	Illusion
illusory | illusive	illusorisch
delusion	Trugbild; Wahnvorstellung
delusive	trügerisch (wahnhaft, täuschend)
veridical	veridisch, wahrhaft(ig); echt
reality	Wirklichkeit (Realität)
really	wirklich
real	wirklich (echt; richtig)
a real x	ein echtes x; ein richtiges x; ein wahres x
perception	Wahrnehmung (Perzeption)
perceive	wahrnehmen, perzipieren
sense-datum	Sinnesdatum
sense-data	Sinnesdaten
to look	aussehen (wie)
it looks	es sieht aus (wie)
to appear	erscheinen (als, wie); scheinen
it appears	es erscheint (mir) als . . .
to seem	zu sein scheinen
it seems (like)	es scheint . . . zu sein
it feels (like)	es fühlt sich an (wie)
refraction	Lichtbrechung (Refraktion)
reflection	Spiegelbild, Spiegelung (Reflexion)
mirror-image	Spiegelbild
after-image	»Nach-Bild«, visueller Nach-Effekt
mirage	Fata Morgana (Luftspiegelung)

material thing	materielles Ding
material object	materieller Gegenstand
evidence	(Evidenz) Beweis; Zeugnis, (An)zeichen, Beleg
intrinsic	intrinsisch, essentiell

Alle im Text in *eckigen* Klammern erscheinenden Ausdrücke sind Zusätze oder Erläuterungen des Übersetzers.

I

In diesen Vorlesungen will ich einige moderne Theorien über die Sinneswahrnehmung behandeln (Theorien, die heute nicht mehr ganz so modern sind, wie sie es einmal waren). Es wird uns dabei, fürchte ich, nicht gelingen, zu entscheiden, ob diese Thesen wahr oder falsch sind; aber das ist eine Frage, die tatsächlich gar nicht entschieden werden *kann*, da sich all diese Theorien mehr zumuten, als sie leisten können. Ich werde als hauptsächlichen Deckmantel für diese Diskussion Professor A. J. Ayers Buch *The Foundations of Empirical Knowledge*[1] benutzen; aber ich werde auch *Perception*[2] von Professor H. H. Price erwähnen sowie später G. J. Warnocks Buch über Berkeley[3]. Ich habe an diesen Texten viel auszusetzen, aber ich wähle sie ihrer Vorzüge, nicht ihrer Nachteile wegen; sie scheinen mir die besten vorhandenen Darstellungen der anerkannten Begründungen für die Annahme von Theorien zu sein, die mindestens so alt sind wie Heraklit – Darstellungen, die ausgiebiger, zusammenhängender und terminologisch exakter sind als die, welche man z. B. bei Descartes oder Berkeley findet. Zweifellos stehen die Autoren der erwähnten Bücher nicht mehr in vollem Umfang zu ihren Theorien oder würden sie jedenfalls heute nicht mehr in ebendieser Form darlegen. Aber sie haben sie wenigstens vor nicht allzu langer Zeit vertreten; und zu-

1. Macmillan (1940).
2. Methuen (1932).
3. Penguin Books (1953).

dem haben sehr viele der großen Philosophen diese Theorien vertreten und verschiedene, aus ihnen resultierende Thesen aufgestellt. Die Autoren, die ich hier besprechen will, mögen sich untereinander in Einzelheiten unterscheiden, auf die ich später hinweisen werde – so z. B. scheinen sie sich nicht darüber einig zu sein, ob ihre wichtigste Unterscheidung zwei verschiedene »Sprachen« betrifft oder zwei Seins-Klassen; aber ich glaube, daß sie sowie ihre Vorgänger alle dieselben (meist unbemerkten) Voraussetzungen zugrunde legen.

Im Idealfall sollte eine derartige Abhandlung wohl mit den frühesten Texten beginnen; jedoch verbietet sich dieses Vorhaben in unserem Fall durch deren Nichtvorhandensein. Die Theorien, die wir behandeln werden, waren nämlich – im Gegensatz zu denen über Universalien z. B. – schon zu Platos Zeiten altbekannt.

Die Hauptthese nun, allgemein formuliert, ist etwa folgende: »Wir sehen oder fühlen oder perzipieren nie materielle Gegenstände (oder Dinge); oder jedenfalls nehmen wir sie nie *direkt, unmittelbar* wahr, sondern nur Sinnesdaten (d. h. unsere Eindrücke, Sensa, Sinneswahrnehmungen, Perzepte oder unsere eigenen Ideen usw.).«

Man mag sich wohl fragen, wie ernst diese Theorie gemeint ist, wie streng und wörtlich die Philosophen, die sie vertreten, beim Wort genommen werden wollen. Doch ich glaube, wir sollten diese Frage vorerst einmal zurückstellen. Sie ist nämlich gar nicht so leicht zu beantworten, denn, so seltsam die These auch aussehen mag, wir werden manchmal gebeten, sie einfach hinzunehmen – weil sie ja wirklich nur das sei, was wir alle schon immer geglaubt haben. (Man stellt sie sozusagen erst auf und nimmt sie dann wieder zurück.) Jedenfalls ist es klar, daß man diese These für *wert* erachtet, überhaupt *aufgestellt zu werden*; und es besteht auch kein Zweifel daran, daß man sie beunruhigend findet; so daß wir wenigstens behaupten können, sie verdiene unsere ernsthafte Beachtung.

Meine Meinung über diese Doktrin ist generell die, daß sie eine typisch *scholastische* Ansicht darstellt, die erstens auf der Vorliebe für einige bestimmte Wörter beruht, deren Gebrauch zu sehr vereinfacht und nicht wirklich verstanden wurde oder der nicht sorgfältig genug untersucht oder nicht richtig beschrieben worden ist; und die zweitens auf eine Versessenheit auf einige wenige (und fast immer dieselben) halb-untersuchte »Tatsachen« zurückzuführen ist. (Ich sagte »scholastisch«, aber ich hätte genausogut »philosophisch« sagen können; denn Über-Vereinfachung, Schematisierung und dauernde zwanghafte Wiederholung derselben abgenutzten »Beispiele« sind nicht nur hier augenfällig, sondern kommen auch sonst viel zu häufig vor, als daß man sie als eine gelegentliche Schwäche der Philosophen abtun könnte.) Tatsache ist, daß – wie ich klarzumachen hoffe – der Gebrauch unserer gewöhnlichen Wörter viel subtiler ist und viel mehr Unterscheidungen aufweist, als die Philosophen allgemein bemerkt haben; und daß die tatsächlichen Wahrnehmungen, wie sie z. B. die Psychologen entdeckt haben, wie sie aber auch gewöhnliche Sterbliche feststellen, viel unterschiedlicher und komplizierter sind, als man angenommen

hat. Es ist daher wichtig – hier, wie auch anderswo –, die alte Gewohnheit der Gleichschaltung und
die tief eingesessene Verehrung für saubere Dichotomien aufzugeben.

Ich will also *nicht* behaupten – und dies möchte ich
von Anfang an klarstellen –, daß wir »Realisten«
sein sollten, will also *nicht* die Doktrin vertreten,
daß wir die materiellen Dinge (oder Gegenstände)
wahrnehmen. Diese Doktrin wäre genauso scholastisch und falsch wie ihre Antithese. Die Frage, nehmen wir materielle Dinge wahr oder Sinnesdaten,
sieht ohne Zweifel sehr einfach aus – zu einfach –,
ist aber total irreführend. (Vergleiche die auf ähnliche Weise weitläufige und übertrieben simple Frage
des Thales, woraus die Welt denn bestünde.)

Einer der wichtigsten Punkte ist nämlich der, einzusehen, daß die beiden Ausdrücke »Sinnesdaten« und
»materielle Dinge« einander bedingen – unecht ist
nicht etwa nur einer von diesen beiden Begriffen,
sondern die Dichotomie selbst.[4] Es gibt nicht nur eine
Art von Gegenständen, die wir »wahrnehmen«, sondern viele *verschiedene* Arten, deren Anzahl bestenfalls – wenn überhaupt – durch wissenschaftliche
Untersuchung reduziert werden kann und nicht
durch die Philosophie: Federhalter sind in vieler
(doch nicht in jeder) Hinsicht anders als Regenbogen,
diese auf manche Weise (doch nicht auf jede) ver-

---

4. Der Fall liegt ähnlich bei Begriffen wie »Universalie« und
»Individuum«. Es ist überhaupt in der Philosophie angebracht,
wenn ein Teil eines vermeintlichen Paares verdächtig erscheint,
den anderen, unschuldig aussehenden Partner ebenfalls zu untersuchen.

schieden von Nach-Bildern auf der Netzhaut [after-
images], und diese wiederum unterscheiden sich in
mancher Beziehung, jedoch nicht in jeder, von Bildern auf der Filmleinwand – und so weiter, ohne
daß eine Grenze anzugeben wäre. Wir dürfen also
nicht nach der Antwort auf die Frage suchen, was es
denn sei, das wir wahrnehmen. Sondern wir müssen
uns zuerst negativerweise von solchen Illusionen wie
dem »Argument von der Illusion« zu befreien suchen
– einem »Argument«, das auch diejenigen für unecht
hielten, die (wie Berkeley, Hume, Russell und Ayer)
es am besten zu nutzen wußten und die alle große
Meister eines besonders glücklichen Stils von philosophisch blendendem Englisch waren oder sind. Es gibt
jedoch keinen einfachen Weg, dies zu tun – zum Teil
schon deshalb nicht, weil gar kein einfaches »Argument« existiert, wie wir bald sehen werden. Man muß
vielmehr langsam nacheinander eine Menge verführe-
rischer, größtenteils verbaler Trugschlüsse ausein-
anderklauben und dazu eine lange Reihe sehr verschiedener verborgener Motive ans Licht ziehen – ein
Vorgang, der uns in gewisser Weise schließlich dort-
hin bringt, wo wir anfingen.
Jedoch nur in gewisser Weise – denn wir hoffen,
doch etwas Positives daraus zu lernen: eine Technik
vielleicht, um philosophische Probleme aufzulösen
(*einige* philosophische Probleme, nicht die gesamte
Philosophie); und auch etwas über die Bedeutung
einiger gebräuchlicher Wörter zu erfahren (wie »Realität«, »es scheint«, »es sieht aus [wie]« usw.), Wörter, die nicht nur philosophisch sehr schlüpfrig, sondern auch für sich betrachtet sehr interessant sind.

Außerdem ist nichts so langweilig wie die dauernde
Wiederholung von falschen Behauptungen und solchen, die nicht einmal einigermaßen vernünftig erscheinen. Wenn wir diese Unsitte ein wenig eindäm-
men können, so kann das nur von Vorteil sein.

II

Lassen Sie uns also gleich den Anfang von Ayers Buch *The Foundations of Empirical Knowledge* ins Auge fassen, den Eingang zur Sackgasse sozusagen. Schon auf den ersten zwei Seiten sehen wir also scheinbar den ganz gewöhnlichen, normalen Mann (hier in der höchst implausiblen Verkleidung von Ayer selbst), wie er den Ball vor seinem eigenen Tor in Schußposition bringt, um entschlossen seinen eigenen Untergang vorzubereiten.

»Normalerweise kommt es uns nicht in den Sinn, daß eine Notwendigkeit bestünde, unseren Glauben an die Existenz der materiellen Dinge rechtfertigen zu müssen. In diesem Augenblick z. B. habe ich nicht den geringsten Zweifel daran, daß ich tatsächlich die gewohnten Dinge um mich her wahrnehme – die Tische und Stühle, die Bilder und Bücher und Blumen, mit denen mein Zimmer ausgestattet ist; und ich bin deshalb überzeugt [satisfied], daß sie existieren. Ich weiß natürlich, daß unsere Sinne uns manchmal täuschen; aber dies veranlaßt mich nicht zu vermuten, daß meine Sinneswahrnehmungen im allgemeinen kein Vertrauen verdienen, oder gar, daß sie mich ebenjetzt täuschen. Und dies ist, wie ich meine, keine außergewöhnliche Haltung. Ich glaube, daß in der Praxis die meisten Menschen John Locke zustimmen würden, wenn er sagt: ›die Gewißheit, daß die Dinge *in rerum natura* existieren, wenn das Zeug-

nis unserer Sinne dafür spricht, ist nicht nur so
groß, wie es überhaupt sein kann, sondern auch
gerade so groß, wie die jeweiligen Umstände es
verlangen.‹
Wenn man sich jedoch die Schriften der Philosophen vornimmt, die sich in neuerer Zeit mit dem
Thema der Perzeption [Sinneswahrnehmung] beschäftigt haben, dann kommen einem Zweifel daran, ob die Dinge wirklich ganz so einfach liegen.
Es ist wahr, daß sie [die Philosophen] im allgemeinen zugeben, daß unser Glaube an die Existenz
der materiellen Gegenstände wohl begründet ist;
einige von ihnen würden sogar sagen, daß es Situationen gibt, in denen wir mit Gewißheit die Wahrheit solcher Aussagen wie ›dies ist eine Zigarette‹
oder ›dies ist ein Federhalter‹ kennen. Aber trotzdem sind sie meistens nicht bereit zuzugeben, daß
Gegenstände wie Federhalter oder Zigaretten je
direkt wahrgenommen werden. Was wir ihrer Meinung nach direkt wahrnehmen, ist immer ein Ding
von ganz anderer Art: etwas, was man heutzutage
ein ›Sinnesdatum‹ [sense-datum] nennt.«

Es wird in dieser Textstelle ein Unterschied gemacht
zwischen dem, was wir (oder der normale Mensch)
glauben (oder glaubt) und dem, was Philosophen wenigstens »im allgemeinen« glauben oder »bereit sind
zuzugeben«. Wir müssen uns nun beide Seiten dieser
Gegenüberstellung vornehmen und sorgfältig untersuchen, was die Voraussetzungen sowie die Konsequenzen von dem sind, was wirklich gesagt wird.
Zuerst also die Ansicht des normalen Menschen.

1. Zuerst einmal wird eindeutig impliziert, daß der gewöhnliche Mann glaubt, materielle Dinge wahrzunehmen. Wenn damit gemeint sein soll, daß er *sagen* würde, daß er materielle Dinge wahrnimmt, so ist das sicher schon falsch; denn der Ausdruck »materielles Ding« [material thing] ist kein Ausdruck, den der Durchschnittsbürger gebrauchen würde; und wahrscheinlich würde er auch nicht »wahrnehmen« sagen. Ich nehme jedoch an, der Ausdruck »materielles Ding« wird nicht für das gebraucht, was der normale Mann *sagen* würde, sondern um die *Klasse* der Dinge zu umschreiben, von denen er meint und gelegentlich auch sagt, daß er einzelne Beispiele wahrnimmt. Aber dann müssen wir uns natürlich fragen, was diese Klasse enthält. Als Beispiele nennt man uns die »vertrauten Dinge«: Tische, Stühle, Bilder, Bücher, Blumen, Federhalter und Zigaretten; der Ausdruck »materielles Ding« ist hier nicht weiter definiert (und auch nicht an anderer Stelle in Ayers Text).[1] Aber glaubt der Durchschnittsmensch wirklich, daß das, was er wahrnimmt, (immer) so etwas ist wie Möbel oder diese anderen »vertrauten Dinge« – also mittelgroße Exemplare von Trockenwaren? Wie steht es denn z. B. mit Menschen oder menschlichen Stimmen, oder Bergen, Flüssen, Flammen, Regenbogen, Schatten, Bildern auf der Filmleinwand, Bildern in Büchern oder an den Wänden, Dämpfen,

---

1. Vgl. Prices Liste auf S. 1 seines Buches *Perception:* – »Tische und Stühle, Katzen und Steine« – obwohl er die Sache dadurch kompliziert, daß er »Wasser« und »die Erde« hinzufügt. Siehe auch S. 280 über »physikalische Objekte«, »video-taktile, feste Körper«.

Gasen – mit all diesen Dingen, von denen gesagt wird,
daß man sie sieht oder hört oder riecht, d. h. also
»wahrnimmt«. Sind dies alles »materielle Dinge«?
Wenn nicht – welche genau sind es nicht, und genau
warum sind sie es nicht? Keine Antwort darauf ist
garantiert richtig. Die Schwierigkeit liegt nämlich
darin, daß der Ausdruck »materielles Ding« schon
von Anfang an als Unterlage für »Sinnesdatum« fun-
giert; es wird ihm weder hier noch sonstwo eine andere Rolle zugeteilt; und gäbe es nicht diesen Beweg-
grund, so wäre es sicher niemandem in den Sinn gekommen, die Dinge, die der gewöhnliche Mensch
wahrnimmt, als eine bestimmte *Klasse von Dingen*
hinzustellen.

2. Zweitens scheint daraus auch gefolgert zu werden,
(a) daß, wenn der normale Mensch glaubt, daß er
keine materiellen Dinge wahrnimmt, er dann glauben
muß, daß seine Sinne ihn täuschen; und
(b) daß, wenn er glaubt, daß seine Sinne ihn täuschen, er auch glauben muß, daß er keine materiellen
Dinge wahrnimmt. Aber beides ist falsch. Ein normaler Mensch, der z. B. einen Regenbogen sieht, würde
nicht sofort schließen, daß seine Sinne ihn trügen,
wenn man ihm klarmacht, daß ein Regenbogen kein
materielles Ding ist; und wenn er z. B. an einem klaren Tag ein Schiff auf See sieht und weiß, daß es viel
weiter weg ist, als es ihm erscheint, so folgert er daraus nicht, daß er *kein* materielles Ding sieht (noch
weniger, daß er ein immaterielles Schiff sieht). Das
heißt, es besteht ebensowenig ein einfacher Gegensatz
zwischen dem, was der normale Mensch glaubt, wenn
alles in Ordnung ist (nämlich, daß er »materielle

Dinge wahrnimmt«) und wenn etwas nicht stimmt (daß »seine Sinne ihn täuschen«), als zwischen dem, was er zu sehen glaubt (»materielle Dinge«), und dem, was Philosophen ihrerseits zuzugeben bereit sind, was auch immer das sein mag. Hier wird also schon der Grundstein für zwei falsche Dichotomien gelegt.

3. Und weiter: Scheint nicht diese Stelle anzudeuten, daß der gewöhnliche Mann eigentlich etwas naiv ist?[2] »Normalerweise kommt es ihm nicht in den Sinn«, daß sein Glaube an »die Existenz der materiellen Dinge« gerechtfertigt werden muß – aber vielleicht *sollte* es ihm in den Sinn kommen? Er hat »nicht den geringsten Zweifel« daran, daß er tatsächlich Tische und Stühle wahrnimmt – aber vielleicht sollte er ein paar Zweifel haben und nicht so leicht zufriedenzustellen sein. Daß er manchmal von seinen Sinnen getäuscht wird, »veranlaßt ihn nicht, zu vermuten«, daß etwas nicht stimmt – aber vielleicht würde weiteres Nachdenken ihn dazu bringen, solche Vermutungen doch anzustellen? Obwohl es so aussieht, als wäre die Position des einfachen Mannes hier nur beschrieben, ist sie doch schon ein wenig durch die Wahl der Ausdrucksweise untergraben worden.

4. Aber noch wichtiger ist vielleicht, daß auch angedeutet oder sogar als selbstverständlich angenommen wird, es seien Gründe für Zweifel und Verdacht vorhanden, selbst wenn der einfache Mann keine solchen verspürt. Das Zitat von Locke, mit dem, wie behauptet, die meisten Leute einverstanden sein sollen, ent-

---

2. Price, a. a. O., S. 26, sagt tatsächlich, daß er naiv ist, obwohl es nicht feststeht, daß er auch Naiver Realist ist.

hält eine starke *suggestio falsi*. Es legt nahe, daß
wenn ich z. B. einen Stuhl wenige Meter vor mir in
hellem Tageslicht betrachte, ich (nur) eben so viel Gewißheit habe, wie ich brauche und wie ich haben
kann, daß dort ein Stuhl steht und daß ich ihn sehe.
Aber Tatsache ist doch, daß der einfache Mann jeden
Zweifel in diesem Falle nicht nur für herbeigeholt
oder übertrieben oder irgendwie unpraktisch halten
würde, sondern für glatten *Unsinn*. Er würde sagen:
»Wenn *das* nicht heißen soll, einen Stuhl zu sehen,
dann weiß ich wirklich nicht, was sonst ›sehen‹
heißt.«
Weiterhin: Obwohl des einfachen Mannes angeblicher
Glaube, daß er sich auf seine »Sinneswahrnehmungen«
»im allgemeinen« oder »jetzt« verlassen kann, implizit
der Ansicht des Philosophen entgegengehalten wird,
stellt sich heraus, daß diese nicht nur besagt, daß auf
seine Sinneswahrnehmungen ebenjetzt oder im allgemeinen kein Verlaß ist oder jedenfalls nicht so oft,
wie er glaubt, sondern daß das, was der einfache
Mann glaubt, eben *nie* der Fall ist – »was wir seiner
Meinung nach direkt wahrnehmen, ist *immer* ein Ding
von ganz anderer Art«. Der Philosoph will nicht
wirklich behaupten, daß etwas öfter nicht stimmt, als
der unvorsichtige einfache Mann annimmt, sondern
daß er sich in gewissem Sinn und auf gewisse Weise
immer irrt. Es ist also irreführend anzudeuten, es be-
stehe nicht nur immer Grund zum Zweifeln, sondern
die Abweichung der Meinung des Philosophen von
der des einfachen Mannes stelle nur einen Gradunter-
schied dar; es handelt sich in der Tat gar nicht um
diese Art von Meinungsverschiedenheit.

5. Betrachten wir ferner, was hier über Täuschung gesagt wird. Wir wissen, so wird gesagt, daß »unsere Sinne uns manchmal täuschen«, obwohl wir meinen, daß wir uns im allgemeinen auf unsere Sinneswahrnehmungen verlassen können.

Nun – zuerst einmal ist die Phrase »von unseren Sinnen getäuscht werden« eine Metapher, wenn auch eine gebräuchliche. Und dies ist wichtig, denn im Folgenden ist die Negation[3] dieser Metapher oft durch den Ausdruck veridisch [veridical = wahrhaftig, wirklich, tatsächlich, korrekt] ersetzt und wird dann sehr ernst genommen. In Wirklichkeit sind natürlich unsere Sinne stumm: obwohl Descartes und andere von dem »Zeugnis der Sinne« sprechen, sagen uns unsere Sinne gar nichts, weder Wahres noch Falsches. Der Fall wird weiter kompliziert durch die Einführung einer neuen Vokabel, unserer »Sinneswahrnehmungen«. Diese Wesenheiten, die natürlich weder in des einfachen Mannes Sprache noch in seinem Denken existieren, werden mit der stillschweigenden Folgerung eingeführt, daß, wenn wir etwas »wahrnehmen«, es *immer* eine *intermediäre* Wesenheit geben muß, die uns über etwas *anderes informiert*. Die Frage ist: Können wir ihr glauben oder nicht? Ist sie »veridisch«? Aber indem man die Dinge so hinstellt, hat man schon des einfachen Mannes angebliche Ansichten für die nachfolgende Behandlung bearbeitet: Man hat ihn für die sogenannte philosophische Ansicht vorbereitet, indem man sie ihm praktisch unterschiebt.

3. (Anm. d. Übers.) Austin versäumt hier, »die Negation« anzuführen, muß sie aber im Sinn haben.

Weiterhin ist es wichtig, sich daran zu erinnern, daß
die Rede von der Täuschung nur sinnvoll wird vor
dem Hintergrund allgemeiner Nicht-Täuschung. (Man
kann nicht *alle* Leute *immer* täuschen.) Es muß möglich sein, einen Fall von Täuschung zu *erkennen*, indem man ihn gegen normale Fälle absetzt. Wenn ich
sage: »Unser Benzinanzeiger täuscht uns manchmal«,
so versteht man mich: Obwohl er meistens das an-
zeigt, was sich im Tank befindet, zeigt er manchmal
auf 10 Liter, wenn der Tank fast leer ist. Wenn ich
aber sage: »Unsere Glaskugel [wie sie die Wahrsager
benutzen] täuscht uns manchmal«, so ist dies rätsel-
haft, denn wir haben keine Ahnung, was dem »normalen« Fall hier entspräche, (nämlich, von unserer
Glaskugel nicht getäuscht zu werden).
Die Fälle wiederum, in denen der einfache Mann
sagen würde, er sei »von seinen Sinnen getäuscht
worden«, sind durchaus nicht häufig. Insbesondere
würde er dies *nicht* in gewöhnlichen Fällen von Perspektive sagen oder von gewöhnlichen Spiegelbildern
oder von Träumen. Wenn er nämlich träumt oder
eine lange, gerade Straße hinunterschaut oder sein
Gesicht im Spiegel betrachtet, so wird er nie – oder
fast nie – *getäuscht.* Es lohnt sich, dies vor Augen zu
halten in Anbetracht einer weiteren *suggestio falsi* –
nämlich, daß, wenn ein Philosoph diese und viele andere sehr häufige Phänomene als Fälle von Illusionen
anführt, er entweder nur Fälle nennt, die der einfache
Mann bereits als solche von »Sinnestäuschung« erkannt hat, oder nur diejenigen etwas erweitert, die
dieser jederzeit zugeben würde. Aber tatsächlich liegen die Dinge ganz anders.

Und selbst, wenn dies so wäre (obwohl der einfache
Mann sicher nicht annähernd so viele Fälle wie die
Philosophen als solche akzeptiert, in denen »die Sinne
ihn trügen«), so wäre es sicherlich ganz falsch anzunehmen, daß er alle die Fälle, die er tatsächlich akzeptiert, für gleich hält. Die Schlacht ist schon halb
verloren, wenn diese Annahme an Boden gewinnt.
Denn manchmal wird der einfache Mann es vorziehen zu sagen, seine Sinne seien getäuscht worden, als,
sie hätten ihn getäuscht – z. B. »täuscht« die flinke
Hand [des Zauberers] das Auge usw. Aber es gibt
tatsächlich eine Vielzahl von Fällen, an deren Peri-
pherie es unsicher ist, ob sie Fälle sind, in denen die
Metapher »von den Sinnen getäuscht zu sein« anzuwenden wäre oder nicht – und es wäre typisch scholastisch, hier eine Entscheidung zu versuchen. Jedoch
würde selbst der einfachste Mann zwischen folgenden
Fällen unterscheiden wollen:
(a) solchen, in denen das *Sinnesorgan* gestört oder
anormal ist oder irgendwie nicht richtig funktioniert;
(b) solchen, wo das *Medium* oder – allgemeiner – die
Umstände der Wahrnehmung in gewisser Weise anormal oder verschoben sind; und
(c) solchen, in denen ein falscher Schluß gezogen
wird oder die falsch konstruiert werden, z. B. bei
einem Laut, den man hört.
(Natürlich schließen sich diese Fälle nicht gegenseitig
aus.) Und dann gibt es noch die sehr häufigen Fälle
von sich verlesen, verhören, Freudschen Fehlleistun-
gen usw., die nicht eigentlich unter eine dieser Rubri-
ken fallen. D. h. es gibt wieder einmal keine saubere

und ordentliche Dichotomie zwischen Dingen, die richtig liegen und solchen, die falsch laufen; Dinge können auf sehr viele *verschiedene* Weisen falsch laufen, wie wir alle sehr wohl wissen; diese brauchen nicht generell klassifizierbar zu sein, und man darf auch keine solche Klassifizierung voraussetzen.

Schließlich – um noch einmal auf einen Punkt zurückzukommen, den wir schon früher erwähnt haben – glaubt der einfache Mann *nicht*, daß all die Fälle, in denen ihn »seine Sinne getäuscht haben«, sich dadurch gleichen, daß er in diesen Fällen keine »materiellen Gegenstände wahrnimmt« oder daß er etwas wahrnimmt, was nicht materiell oder real ist. Ein Müller-Lyer-Diagramm zu betrachten (in dem zwei gleich lange Striche verschieden lang aussehen) oder an einem besonders klaren Tag ein entferntes Dorf jenseits des Tales zu sehen steht auf einem ganz anderen Blatt, als Gespenster zu sehen oder im Delirium tremens weiße Mäuse. Und wenn der einfache Mann auf der Varietébühne die Frau ohne Kopf sieht, so ist das, was er sieht (und dies sieht er wirklich, ob er es weiß oder nicht), nicht etwas »Unwirkliches« oder »Immaterielles«, sondern er sieht eine Frau mit einem schwarzen Sack über dem Kopf vor einem schwarzen Hintergrund. Wenn der Trick gut gemacht ist, dann kann er nicht genau erkennen, *was* er sieht (weil ihm das absichtlich schwer gemacht worden ist); aber dies ist nicht dasselbe wie die Behauptung, daß er etwas ganz *anderes* sieht.

Es besteht also schließlich gar kein Grund, den Hinweis zu akzeptieren, *entweder*, daß das, was der einfache Mann meistens wahrzunehmen glaubt, eine *Spe-*

zies von Dingen ist (nämlich »materielle Gegenstände«) *oder* daß er irgendeine andere bestimmte Art von Fällen erkennen kann, in denen er »getäuscht« wird.[4] Lassen Sie uns jetzt untersuchen, was über die Philosophen gesagt wurde.

Philosophen, so heißt es, »sind meistens nicht bereit zuzugeben, daß solche Gegenstände wie Federhalter oder Zigaretten je direkt wahrgenommen werden«. Was uns hier stutzig macht, ist das Wort »direkt« – ein Lieblingswort der Philosophen, aber tatsächlich eine der weniger auffälligen Schlangen im linguistischen Dschungel. Wir haben hier in der Tat den typischen Fall eines Wortes, das an sich schon einen sehr speziellen Gebrauch hat, der allmählich erweitert wird, ohne Vorsicht oder Definition oder eine Grenze, bis es erst dunkel und metaphorisch wird und schließlich sinnlos. Man kann eben die Umgangssprache nicht ungestraft mißbrauchen.[5]

1. Erstens einmal ist es wesentlich einzusehen, daß es

4. Ich bestreite nicht, daß die Fälle, in denen etwas nicht stimmt, nicht unter einen Hut gebracht und mit nur einem Namen belegt werden könnten. Ein einziger Name könnte durchaus harmlos sein, sofern damit nicht ausgedrückt werden soll, daß (a) sich alle Fälle gleichen, oder (b) daß sie sich alle in einer bestimmten Hinsicht gleichen. Worauf es ankommt, ist, daß die Tatsachen nicht unter ein Vorurteil fallen und daher ignoriert werden.

5. Besonders wenn man sie mißbraucht, ohne es zu wissen. Denken Sie nur an die Schwierigkeiten, die sich ergeben, wenn man das Wort »Zeichen« [sign] unabsichtlich so erweitert, daß sich offenbar der Schluß anbietet, daß wir *Zeichen* von Käse sehen, wenn dieser vor unserer Nase steht.

hierbei der Begriff der *indirekten* Wahrnehmung ist, der die Hosen anhat – »direkt« erhält hier seinen Sinn durch Kontrast mit seinem Gegenteil,[6] während »indirekt« selbst erstens nur in besonderen Fällen überhaupt gebraucht wird und zweitens *verschiedenen* Gebrauch in verschiedenen Fällen hat – obwohl das natürlich nicht heißen soll, daß wir keinen Grund haben, dasselbe Wort zu gebrauchen. Wir könnten z. B. den Mann, der die Prozession direkt sah, dem gegenüberstellen, der sie *durch ein Periskop* betrachtet hatte; oder wir könnten die Stelle, von der man die Tür direkt sehen kann, mit derjenigen kontrastieren, von der aus man sie nur im Spiegel beobachten kann. *Vielleicht* könnte man »jemanden direkt sehen« vergleichen mit »seinen Schatten hinter der Gardine sehen«; und *vielleicht* könnte man einen Unterschied machen zwischen »die Musik direkt hören« und »sie in einer Übertragung außerhalb des Konzertsaales hören«. Aber diese letzten beiden Beispiele bedürfen zweier weiterer Anmerkungen.

2. Der erste Punkt ist der, daß der Begriff des nicht »direkt« Wahrnehmens dort am plausibelsten erscheint, wo er (wie beim Periskop und beim Spiegel) mit dem Begriff einer *Richtungs*änderung verbunden ist. Wir dürfen sozusagen den betreffenden Gegen-

---

6. Vgl. hier »wirklich«, »eigentlich«, »frei« u. a. »Es ist wirklich so« oder »es ist echt« – »Was behauptest du denn, daß es nicht sei?« »Ich wünschte, wir hätten einen richtigen [proper] Teppichläufer!« »Worüber beklagst du dich denn bei dem, den du hast? Daß er *un*richtig sei [*im*proper]?« – »Ist er frei?« – »Nun, was denkst du, sei er statt dessen? Im Gefängnis? Gefesselt im Gefängnis? Oder durch andere Verpflichtungen gebunden?«

stand nicht *gerade* ansehen. Aus diesem Grund ist das Sehen des Schattens auf der Gardine ein zweifelhaftes Beispiel; und wenn ich jemanden durch ein Fernglas oder eine Brille betrachte, so ist das ganz gewiß kein Fall von *indirektem* Sehen. Denn für solche Fälle (wie die letzten beiden) haben wir ganz deutliche Unterscheidungen und ganz verschiedene Ausdrücke – »mit dem bloßen Auge« im Gegensatz zu »mit dem Fernglas« oder »durch die Brille«. (Diese Ausdrücke sind tatsächlich viel gebräuchlicher in der Umgangssprache als das Wort »direkt«.)

3. Und der andere Punkt ist der, daß – zweifellos zum Teil aus dem oben besprochenen Grund – der Begriff der indirekten Wahrnehmung nur beim Gesichtssinn eine geläufige Anwendung hat. Für die anderen Sinne gibt es kein Analogon zur »geraden Visierlinie«. So ist z. B. die geläufigste Bedeutung von »indirekt hören« natürlich die, etwas von einem Dritten erzählt bekommen – ein ganz anderer Fall. Höre ich denn einen Ruf »indirekt«, wenn ich sein Echo höre? Und wenn ich jemanden mit einer Bootsstange berühre, habe ich ihn dann indirekt berührt? Oder wenn man mir eine Katze im Sack offeriert – fühle ich dann die Katze indirekt *durch* den Sack? Und was einem indirekten Geruch entspräche, weiß ich einfach nicht zu sagen. Schon aus diesem Grund scheint etwas gar nicht stimmen zu wollen mit der Frage: »Nehmen wir die Dinge direkt wahr oder nicht?«, wenn man »wahrnehmen« hier auf alle Sinne anwenden will.

4. Aber es ist natürlich auch aus anderen Gründen sehr zweifelhaft, wie weit der Begriff der indirekten

Wahrnehmung ausgedehnt werden kann und soll.
Sollte man ihn z. B. je auf das Telefon anwenden?
Kann man das? Oder auf das Fernsehen? Oder auf
Radar? Wären wir in diesen Fällen schon zu weit von
der ursprünglichen Metapher abgerückt? Sie genügen
doch jedenfalls der notwendig erscheinenden Bedingung, daß das, was wir geradewegs wahrnehmen (die
Geräusche im Telefonhörer, das Bild und die Blinker
auf dem Schirm), gleichzeitig existiert und sich ebenso
verändert wie der Anwärter auf das, was wir even-
tuell als indirektes Wahrnehmungsobjekt zu beschreiben bereit wären. Und diese Bedingung scheint ziemlich eindeutig solche Vorgänge wie die Betrachtung
von Fotografien (die statische Aufnahmen vergange-
ner Szenen sind) sowie von Filmen (die, obwohl sie
nicht statisch sind, doch auch nicht gleichzeitig mit
den dargestellten Ereignissen betrachtet werden) als
Fälle von indirekter Perzeption auszuschließen. Gewiß ist da irgendwo ein Trennungsstrich zu ziehen.
Es ist z. B. klar, daß wir nicht von indirekter Wahrnehmung in *jedem* der Fälle sprechen sollten, in denen
wir etwas sehen, woraus die Existenz (oder das Er-
eignis) von etwas anderem geschlossen werden kann:
Wir sollten z. B. *nicht* sagen, daß wir die Kanonen
indirekt sehen, wenn wir von weitem nur ihr Feuer
erkennen können.

5. Wenn wir aber andererseits ernsthaft geneigt sind,
von etwas zu behaupten, es sei indirekt wahrnehm-
bar, so muß es doch scheinbar eine Art von Gegenstand sein, den wir (wenigstens manchmal) wahrnehmen oder wahrnehmen könnten oder den andere
wahrnehmen könnten – wie z. B. unseren Hinterkopf.

Denn sonst würden wir ja nicht sagen wollen, daß wir den Gegenstand *überhaupt* wahrnehmen – nicht einmal »indirekt«. Gewiß gibt es hier Schwierigkeiten (z. B. beim Elektronenmikroskop, von dem ich wenig oder nichts verstehe). Aber es scheint doch klar zu sein, daß wir – allgemein gesprochen – unterscheiden wollen zwischen indirektem Sehen von Dingen, die wir *sehen* könnten (z. B. in einem Spiegel), und dem Sehen von Anzeichen (oder Wirkungen), wie z. B. in einer Wilsonschen Nebelkammer, wo das Ding selbst gar nicht gesehen werden *kann*. Es wäre jedenfalls nicht natürlich, in letzterem Falle von indirekter Wahrnehmung zu sprechen.

6. Und schließlich noch eine Betrachtung: Aus offensichtlichen Gründen bevorzugen wir in der Praxis das, was man den »baren Handelswert« eines Ausdrucks nennen könnte, gegenüber der »indirekten« Metapher. Wenn ich berichten würde, daß ich feindliche Schiffe indirekt sehe, so würde ich mir lediglich die Frage einhandeln, was ich denn eigentlich damit meine. »Ich meine, daß ich diese Blinker auf dem Radarschirm sehe.« »Nun, warum hast du das nicht gleich gesagt?« (Vergleiche: »Ich sehe eine unwirkliche Ente.« – »Was zum Teufel meinst du damit?« – »Es ist ein Köder, ein Entenfang.« – »Ach so! Warum hast du das nicht gleich gesagt?«) Das heißt, es besteht – wenn überhaupt – selten ein Grund dafür, »indirekt« (oder »nicht wirklich«) zu sagen; der Ausdruck betrifft viel zu viele verschiedene Fälle, als daß er für einen bestimmten Fall *genau* richtig wäre.

Es ist daher ganz offensichtlich, daß der philosophische Gebrauch des Ausdrucks »direkt wahrnehmen«

nicht der gewöhnliche oder vertraute ist, was immer
der sein mag; denn im gewöhnlichen Gebrauch wäre
es nicht nur falsch, sondern ganz einfach absurd zu
sagen, daß Dinge wie Federhalter oder Zigaretten
niemals direkt wahrgenommen werden. Aber man gibt
uns keine Erklärung oder Definition für diesen neuen
Gebrauch,[7] im Gegenteil, man geht darüber hinweg,
als kennten wir ihn alle schon lange. Es ist auch klar,
daß sein Gebrauch durch die Philosophen – was auch
immer der sein mag – gegen mehrere der oben ange-
führten Regeln verstößt, und es scheinen keine Einschränkungen für besondere Umstände gemacht zu
werden oder in bezug auf das eine oder andere der
Sinnesorgane; und es scheint ferner, daß das, was wir
angeblich indirekt wahrnehmen, *niemals* etwas sein
kann, was wir auch direkt wahrnehmen, und daß es
auch nie ein Ding dieser Art sein könnte.
All dies unterstreicht nur die Frage, die Ayer selbst
ein paar Zeilen später (nach der eben untersuchten
Passage) stellt: »Warum können wir nicht sagen, daß
wir materielle Gegenstände direkt wahrnehmen?« Die
Antwort darauf, so sagt er, sei in dem sogenannten
»Argument von der Illusion« zu finden, und dieses
müssen wir nun untersuchen. Vielleicht kann uns die
Antwort helfen, die Frage zu verstehen.

---

7. Wie Ayer selbst ziemlich spät auf S. 60/61 bemerkt.

III

Das Hauptziel des Arguments von der Illusion ist es,
uns zu bewegen, »Sinnesdaten« als die eigentliche und
richtige Antwort auf die Frage zu akzeptieren, was
es denn sei, das wir bei gewissen *anormalen, außergewöhnlichen* Gelegenheiten wahrnehmen. Aber meist
wird es noch von einem anderen Teilargument gefolgt, das uns beweisen soll, daß wir *immer* Sinnesdaten wahrnehmen. Was ist nun das Argument?

In Ayers Darstellung heißt es folgendermaßen: Es
»basiert auf der Tatsache, daß die materiellen Dinge
den verschiedenen Beobachtern verschieden erscheinen oder auch demselben Beobachter unter verschiedenen Bedingungen verschieden erscheinen mögen und
daß die Art dieser Erscheinungen in gewissem Grade
von dem Zustand der Umstände und des Beobachters
kausal abhängt.«[1] Als Illustration dieser angeblichen
Tatsache führt Ayer folgende Beispiele an: Perspektive (»eine Münze, die von einem Gesichtswinkel rund
erscheint, mag von einem anderen aus oval erscheinen«); Licht-Brechung (»ein Stock, der normalerweise
gerade erscheint, sieht im Wasser geknickt aus«); Veränderungen im Farbensehen unter Drogenwirkung
(»wie z. B. bei Meskalin«); Spiegelbilder; doppeltes
Sehen; Halluzinationen; scheinbare Geschmacksver-
änderungen; Veränderungen der Wärmeempfindung

1. Ayer, a. a. O., S. 3–5.

(»je nachdem, ob die Hand, mit der man fühlt, selbst warm oder kalt ist«); Verschiedenheit der ertasteten Größe (»eine Münze, auf die Zunge gelegt, fühlt sich größer an, als auf der Hand«); und die oft zitierte Tatsache, daß »Menschen, denen ein Glied amputiert wurde, in ihm noch Schmerzen zu haben scheinen«.

Sodann wählt Ayer drei dieser Beispiele zur detaillierten Behandlung aus. Zuerst die Refraktion: der Stock, der normalerweise »gerade erscheint«, aber im Wasser »geknickt aussieht«. Er macht folgende »Annahmen«: (a) daß der Stock *seine Form nicht wirklich verändert*, wenn man ihn ins Wasser hält, und (b) daß er *nicht* sowohl gerade als auch geknickt *sein kann*.[2] Er schließt dann daraus (»es folgt daraus«), daß »mindestens einer der *sichtbaren Erscheinungsformen* des Stockes *täuschend [delusive]* ist«. Trotzdem, selbst wenn das, »was wir sehen, nicht die *wirkliche Eigenschaft* eines *materiellen Dinges* ist, so nehmen wir doch an, daß wir irgend etwas sehen« – und dieses Etwas soll ein »Sinnesdatum« genannt werden. Ein Sinnesdatum soll »das Objekt sein, dessen wir in einer Wahrnehmung *direkt* gewahr werden, sofern es nicht *Teil* eines *materiellen Dinges* ist«. (Die Kursive stammt in diesem und in den beiden nächsten Abschnitten von mir.)

Als nächstes: Luftspiegelungen. »Ein Mann, der eine

2. Es ist nicht nur seltsam, sondern auch wichtig, daß Ayer hier von »Annahmen« spricht. Denn später setzt er sich ernsthaft mit der Möglichkeit auseinander, wenigstens eine dieser Voraussetzungen zu verneinen, was er nicht tun könnte, wenn er sie als das erkannt hätte, was sie sind: nämlich einfache und unbestreitbare Tatsachen.

Fata Morgana sieht«, sagt Ayer, »sieht kein materielles Ding, denn die Oase, die er wahrzunehmen glaubt,
existiert nicht.« Aber »sein Erlebnis ist nicht eine
Wahrnehmung von gar nichts«; sondern »man sagt,
daß er Sinnesdaten wahrnimmt, die in ihren Eigenschaften denen ähnlich sind, die er erfahren würde,
wenn er eine richtige Oase sähe, die ihn aber täuschen in dem Sinn, daß *das materielle Ding, das sie
darzustellen scheinen,* nicht *wirklich da* ist.«

Schließlich: Spiegelbilder. Wenn ich mich in einem
Spiegel anschaue, so »*scheint* mein Körper in einiger
Entfernung hinter dem Glas *zu sein*«; aber da er
nicht an zwei Orten zu derselben Zeit sein kann,
können meine Wahrnehmungen in diesem Fall nicht
alle wahrhaftig [veridical] sein. Aber ich sehe doch
etwas: und wenn »sich wirklich kein materieller
Gegenstand an dem Ort befindet, wo mein Körper
zu sein scheint, was ist es denn dann, was ich sehe?«
Antwort: ein Sinnesdatum. Ayer fügt hinzu, daß
»man zu demselben Schluß kommt, wenn man irgendein anderes meiner Beispiele nimmt«.

Ich möchte nun zuerst einmal auf den Namen dieses
Arguments zu sprechen kommen – das »Argument
von der *Illusion*« – und auf die Tatsache, daß es so
hingestellt wird, als ob es den Schluß rechtfertige,
wenigstens einige unserer »Perzeptionen« seien *Trugbilder.* Denn darin sind deutlich zwei Implikationen
enthalten: 1. daß alle im Argument aufgeführten Beispiele Fälle von Illusionen sind und 2. daß *Illusionen*
und *Trugbilder* dasselbe sind. Dabei sind diese beiden
Schlüsse natürlich ganz falsch; und es ist durchaus
nicht überflüssig, darauf hinzuweisen; denn, wie wir

sehen werden, lebt das Argument gerade von der Verwirrung an diesem Punkt.

Was wären denn nun echte Beispiele von Illusionen? (Tatsache ist, daß kaum eines von Ayers Beispielen ein Fall von Illusion ist, jedenfalls nicht, ohne daß man den Begriff beträchtlich ausdehnt.) Nun, zuerst einmal gibt es einige ganz klare Fälle von *optischer* Illusion – z. B. den Fall, den wir oben erwähnten, wo von zwei gleich langen Strichen der eine länger erscheint als der andere. Dann gibt es die Illusionen, die von professionellen »Illusionisten«, d. h. Zauberern, hervorgerufen werden – z. B. die »Frau ohne Kopf« auf der Bühne, die natürlich nur kopflos aussieht, oder des Bauchredners Puppe, bei der es scheint, als ob sie spräche. Ganz anders ist der Fall von meist unbeabsichtigter Irreführung, in dem Räder, die sich in einer Richtung schnell drehen, so aussehen, als ob sie in der entgegengesetzten Richtung langsam rotierten. Trugbilder und Wahnvorstellungen[3] sind jedoch davon ganz verschieden. Typische Fälle wären hier Verfolgungswahn und Größenwahn. Diese sind in erster Linie Fälle von schwer gestörten Denkvorgängen (und daher wahrscheinlich auch von entsprechendem Benehmen) und haben wohl nichts mit Wahrnehmung zu tun.[4] Aber ich glaube, man kann doch sagen, daß

3. (Anm. d. Übers.) »delusions« können im Englischen sowohl das eine wie das andere bedeuten. Einige der Mißverständnisse bei Ayer *und* Austin rühren wohl auch von dieser Mehrdeutigkeit her.

4. Letzteres gilt natürlich auch für *einige* Illusionen: so sagt man, daß es Illusionen gäbe, um die die Menschen ärmer werden, wenn sie älter und weiser werden.

der Patient, der weiße Mäuse sieht, Wahnvorstellungen hat, vor allem dann, wenn er – was wahrscheinlich der Fall wäre – sich nicht klar darüber
ist, daß seine weißen Mäuse keine richtigen Mäuse
sind.[5]

Die wichtigsten Unterschiede hierbei sind die, daß
der Ausdruck »eine Illusion« (im Zusammenhang mit
Wahrnehmungen) nicht etwa nahelegt, daß etwas
ganz Unwirkliches *hervorgezaubert* worden ist, sondern daß im Gegenteil dort nur Striche und Pfeile
auf dem Papier stehen, nur eine Frau auf der Bühne
steht, die ihren Kopf in einem schwarzen Sack hat,
und daß es sich nur um rotierende Räder handelt;
während der Ausdruck »delusion« [»Wahnvorstellung« oder Trugbild] doch etwas ganz Unreales andeutet – etwas, das gar nicht da ist. (Die Vorstellungen eines Mannes mit einem Verfolgungswahn können
jeder Grundlage entbehren.) Aus diesem Grunde sind
Wahnvorstellungen und Trugbilder eine viel ernstere
Angelegenheit: hier ist wirklich etwas nicht in Ordnung, und darüber hinaus stimmt etwas nicht mit
demjenigen, der sie hat. Aber, wenn ich eine optische
Illusion sehe, ganz egal, wie gut sie mich zu täuschen
vermag, so ist doch nichts mit mir persönlich nicht in
Ordnung – die Illusion ist nicht eine kleine (oder
große) Eigenheit (oder Idiosynkrasie); sie ist ganz
öffentlich, jeder kann sie sehen, und in vielen Fällen
können standardisierte Verfahren angegeben werden,
die sie hervorrufen. Wenn wir uns übrigens nicht tatsächlich täuschen lassen wollen, so müssen wir nur

5. Vgl. das weiße Kaninchen in dem Schauspiel »Harvey«.

aufpassen; aber es nützt gar nichts, einem, der an
Wahnvorstellungen leidet, zu sagen, er solle besser
achtgeben: der Mann muß behandelt werden.

Woran liegt es also, daß wir dazu neigen, Illusionen
mit Wahnvorstellungen [delusions] zu verwechseln –
sofern wir dies tun? Nun, zum Teil daran, daß wir
die Ausdrücke ungenau gebrauchen. Aber es gibt
noch einen anderen Grund: daß die Menschen verschiedene Ansichten oder Theorien über die Tatsachen in den einzelnen Fällen haben. Nehmen wir
z. B. den Fall des Gespenster-Sehens. Es ist nicht allgemein bekannt, oder man ist sich nicht darüber einig,
worin das Sehen von Gespenstern eigentlich *besteht*.
Manche Leute meinen, die Gespenster, die man sieht,
werden vielleicht durch das gestörte Nervensystem
des Opfers heraufbeschworen, so daß ihrer Ansicht
nach das Gespenster-Sehen eine Form von Delusion
wäre. Andere Leute wiederum meinen, daß man bei
dem, was man Gespenster-Sehen nennt, vielleicht nur
von Schatten irregeführt wird oder von Reflexen
(Spiegelbildern) oder daß das Licht uns einen Streich
spielt – das heißt also, sie reihen es unter die Illusionen ein. Auf diese Weise kann z. B. das Gespenster-
Sehen manchmal unter die »Delusionen« und manchmal unter die »Illusionen« eingereiht werden; und
dabei merkt keiner, daß doch etwas davon abhängt,
welche Vokabel man benutzt. In ähnlicher Weise
scheint es auch verschiedene Theorien darüber zu
geben, was denn eine Fata Morgana sei. Manche halten sie für eine Vision, hervorgerufen durch das ver-
wirrte Hirn des durstigen und erschöpften Wanderers,
also für ein Trugbild [delusion] – während andere

sie für einen Fall von atmosphärischer Brechung halten, wodurch etwas, das unter dem Horizont liegt,
über ihm erscheint: eine Illusion. (Ayer, wie wir uns
erinnern, hält sie für ein Trugbild, obwohl er sie wie
alle übrigen Fälle unter Illusionen anführt. Denn er
sagte *nicht*, daß die Oase dort erscheint, wo sie nicht
ist, sondern rundheraus, »daß sie nicht existiert«.)

Die Art und Weise nun, wie das »Argument von der
Illusion« tatsächlich davon lebt, daß es zwischen
Illusionen und Delusionen keinen Unterschied macht,
ist, glaube ich, folgende. Solange man uns nahelegt,
daß die Fälle, die unsere Aufmerksamkeit erregen
sollen, *Illusionen* sind, werden wir auch (durch den
gewöhnlichen Gebrauch des Wortes angeregt) folgern,
daß dort wirklich etwas existiert, das wir wahrnehmen. Wenn man dann aber anfängt, diese Fälle still
und heimlich *de*lusorisch zu nennen, dann ergibt sich
die ganz andere Andeutung, daß es sich um etwas
Hervorgezaubertes handelt, etwas Unwirkliches oder
jedenfalls »Immaterielles« (Unkörperliches). Diese
beiden Implikationen zusammen könnten dann auf
subtile Weise andeuten, daß es in den zitierten Fällen
wirklich etwas gibt, das wir wahrnehmen, daß dies
aber ein immaterielles Etwas ist; und diese Andeutung, wenn sie auch an und für sich nichts beweist,
ist doch dazu berechnet, uns ein wenig näher an gerade die Stelle zu bringen, an die uns die Anhänger
der Sinnesdaten-Theorie haben wollen.

Soviel also – obwohl noch viel mehr dazu zu sagen
wäre – über den Unterschied zwischen Illusion und
Delusionen (oder Wahnvorstellungen) und über die
Gründe, diesen nicht zu verschleiern. Lassen Sie uns

nun kurz einige der anderen Fälle betrachten, die
Ayer anführt. Spiegelbilder zum Beispiel. Natürlich
kann man mit richtig aufgestellten Spiegeln Illusionen hervorrufen. Aber ist denn jeder Fall, in dem
wir etwas im Spiegel sehen, eine Illusion, wie Ayer
meint? Ganz offensichtlich nicht! Denn etwas im
Spiegel zu sehen ist ein ganz *normales* Vorkommnis,
uns wohlvertraut, und meistens denkt man gar nicht
daran, daß sich jemand dadurch täuschen lassen
könnte. Ohne Zweifel: Wenn ein Kind oder ein pri-
mitiver Eingeborener zum ersten Mal in seinem Leben in den Spiegel sieht, mag er ziemlich perplex sein
oder sogar sichtbar verstört; aber ist das ein Grund,
weshalb wir andern alle *deshalb* von einer Illusion
sprechen sollten? Und dasselbe gilt für Perspektive.
Die Perspektive *kann* uns trügen, aber normalerweise
ruft sie keine Illusion hervor. Daß eine runde Münze
(in gewissem Sinne) »oval aussehen« sollte, wenn man
sie von bestimmten Punkten aus anvisiert, ist genau
das, was wir erwarten und was wir normalerweise
vorfinden; wir würden uns in der Tat sehr wundern,
wenn dies nicht so wäre. Wir sind vielleicht bereit
zuzugeben, daß der Stab geknickt aussieht; aber
wenn wir dann sehen, daß er halb in Wasser getaucht ist, erwarten wir gar nichts anderes mehr von
ihm.
Es ist wichtig, daß man sich vergegenwärtigt, inwieweit
Vertrautheit oder Gewöhnung der Illusion sozusagen
die Schärfe nehmen. Ist das Kino ein Fall von Illusion? Nun – möglicherweise war der erste Mann, der
je einen Film sah, geneigt zu glauben, daß es sich dabei um eine Illusion handelt. Aber es ist doch ziem-

lich unwahrscheinlich, daß selbst er sich tatsächlich auch nur für einen Augenblick täuschen ließ; und inzwischen ist die ganze Sache so sehr Teil unseres alltäglichen Lebens, daß wir nie auch nur auf die Idee kämen, diese Frage zu stellen. Man könnte genausogut fragen, ob das Hervorzeigen einer Fotografie eine Illusion erzeugt – was ganz einfach töricht wäre.

Und dann dürfen wir bei all diesem Gerede über Illusion und Delusion auch nicht übersehen, daß es viele mehr oder weniger ungewöhnliche Fälle gibt, die wir noch gar nicht erwähnt haben, die bestimmt weder das eine noch das andere sind. Nehmen wir einmal an, ein Korrektor macht einen Fehler: er bemerkt nicht, daß statt des Wortes »kaustisch« das Wort »kasuistisch« gedruckt steht. Fällt er einer Täuschung anheim? Oder hat er eine Illusion vor Augen? Keins von beiden, natürlich! Er hat sich nur *verlesen*. Das Sehen von Nach-Bildern [after-images], obwohl es kein besonders häufiges Erlebnis ist und keinen gewöhnlichen Fall von Sehen darstellt, ist weder ein Illusionen-Sehen noch ein Delusionen-Haben. Und wie ist es denn mit Träumen? Sieht der Träumer Illusionen? Hat er Delusionen? Weder, noch – Träume sind *Träume*.

Lassen Sie uns jetzt sehen, was Price über die Illusionen zu sagen hat. Er stellt die folgende »vorläufige Definition auf, um zu zeigen, was das Wort ›Illusion‹ bedeutet«: »Ein illusorisches Sinnesdatum des Gesichts- oder Tastsinns ist von der Art, daß wir geneigt sind, es fälschlicherweise für einen Teil der Oberfläche eines materiellen Gegenstandes zu halten, aber

sofern wir dies tun, haben wir damit unrecht.«[6] Es ist
natürlich durchaus nicht klar, was dieses Diktum
selbst bedeutet; aber so viel steht fest, daß die Definition gewiß nicht auf alle Fälle von Illusion paßt.
Nehmen wir wieder die beiden Striche. Gibt es dabei
irgend etwas, das wir fälschlicherweise für einen Teil
der Oberfläche eines materiellen Gegenstandes halten?
Es scheint doch nicht so. Wir sehen nur die beiden
Striche, wir denken nicht und neigen auch nicht einmal zu der Meinung, daß wir irgend etwas anderes
sehen; wir erheben nicht einmal die Frage, ob irgend
etwas »Teil der Oberfläche« sei – wovon denn?
Den Strichen? Der Seite, auf der sie stehen? – Das
Problem liegt einfach darin, daß der eine Strich länger
aussieht als der andere, obwohl er es nicht ist. Gewiß
ist es auch im Fall der Frau ohne Kopf nicht die
Frage, ob irgend etwas Teil ihrer Oberfläche ist oder
nicht; das Problem ist nur eben, daß sie aussieht, als
hätte sie keinen Kopf.

Es ist natürlich bemerkenswert, daß Price, schon bevor er anfängt, das »Argument von der Illusion« zu
behandeln, in seine »Definition« die Ansicht mit ein-
baut, daß es in diesen Fällen noch zusätzlich zu den
gewöhnlichen Dingen etwas zu sehen gibt – was doch
eigentlich ein Teil dessen ist, was das Argument erst
beweisen soll und wovon viele glauben, daß es dies
tut. Aber diese Überlegung ist doch gewiß nicht angebracht, wenn man sich bemüht zu sagen, was »Illusion« *bedeutet*. Sie begegnet uns wieder – und wiederum ohne Berechtigung, wie ich meine – in seiner Dar-

6. H. H. Price, *Perception*, S. 27.

stellung der Perspektive (welche er übrigens auch als eine Art von Illusion anführt): »ein ferner Hügel voller Unebenheiten, der im flachen Winkel ansteigt, wird glatt und steil erscheinen« ... Soll das heißen, daß das Sinnesdatum, die farbige Ausdehnung, die wir sehen, tatsächlich glatt und steil *ist?* Aber warum sollen wir diese Darstellung akzeptieren? Warum müssen wir sagen, daß es da *überhaupt etwas gibt*, das wir sehen, was glatt und steil *ist*, obwohl es nicht »Teil der Oberfläche« eines materiellen Objekts ist? Diese Redeweise hieße all diese Fälle unter Delusionen einzureihen, bei denen es immer etwas gibt, was nicht »Teil eines materiellen Dinges« ist. Aber wir haben die Nachteile dieser Zuordnung schon besprochen.

Lassen Sie uns als nächstes die Darstellung ins Auge fassen, die Ayer selbst von wenigstens einigen der Fälle gibt, die er anführt. (Um fair zu sein, müssen wir uns hier daran erinnern, daß Ayer eine Reihe ganz wesentlicher eigener Einschränkungen über die Vorteile und die Wirksamkeit des Arguments von der Illusion macht, so daß es gar nicht so leicht ist zu sagen, wie ernst er seine Exposition des Arguments genommen haben will; aber auf diesen Punkt werden wir noch zurückkommen.)

Zuerst also der bekannte Fall vom Stab im Wasser. Darüber sagt Ayer, (a) daß, da der Stab geknickt aussieht, aber gerade *ist*, »mindestens eine der sichtbaren Erscheinungen des Stabes *trügerisch* ist«; und (b) daß, »was wir sehen (jedenfalls direkt), nicht die wirkliche Eigenschaft eines materiellen Gegenstandes ist« (und ein paar Seiten später: »nicht Teil von

einem materiellen Gegenstand«). Nun aber: »Sieht«
denn der Stock überhaupt »geknickt aus«? Ich
glaube, wir können das zugeben – wir können ihn
anders nicht besser beschreiben. Aber er sieht natürlich nicht *genau* wie ein geknickter Stab aus, nämlich
nicht wie einer *außerhalb des Wassers* – höchstens
wie ein halb ins Wasser getauchter, geknickter Stab.
Denn schließlich können wir ja nicht umhin, das Wasser zu sehen, in das der Stab eingetaucht ist. Was
also soll in diesem Fall trügerisch sein? Worin liegt
die Täuschung? Was stimmt denn daran nicht, oder
was ist auch nur im mindesten überraschend an der
Idee, daß ein Stab gerade ist, aber manchmal geknickt
aussieht? Glaubt denn irgendeiner von uns, daß, wenn
etwas gerade ist, es eben zu allen Zeiten und unter
allen Umständen gerade *aussehen* muß? Natürlich
wird das niemand im Ernst annehmen. Was ist also
hier die Schwierigkeit, in die wir angeblich geraten?
Denn natürlich ist angedeutet worden, daß es eine
Schwierigkeit *gibt* – eine Schwierigkeit zumal, die eine
ziemlich radikale Lösung verlangt: nämlich die Einführung von Sinnesdaten. Aber was ist denn das Problem, das wir auf solche Weise versuchen sollen zu
lösen?

Nun, sagt man uns, in diesem Fall siehst du *etwas*.
Und was wäre dieses Etwas, »wenn nicht Teil eines
materiellen Dinges«? Aber diese Frage ist wirklich
total verrückt! Der gerade Teil des Stabes, der nicht
im Wasser liegt, ist dann wohl Teil eines materiellen
Dinges; denn ihn sehen wir. Und wie ist es nun mit
dem Teil *unter* Wasser? Den sehen wir auch. Und wir
können schließlich auch das Wasser selbst sehen. Was

wir also tatsächlich sehen, ist *einen Stab, der teilweise in Wasser getaucht ist.* Und es ist besonders seltsam, daß dies in Frage gestellt zu sein scheint – daß sich überhaupt darüber eine Frage erhebt, *was* wir sehen –, da dies ja schließlich die Beschreibung der Situation ist, von der wir ausgegangen sind. Denn es war ja von Anfang an so verstanden, daß wir einen Stock betrachten, ein materielles Ding, von dem ein Teil sich im Wasser befand. Wenn, um einen ganz anderen Fall zu nehmen, eine Kirche so getarnt wäre, daß sie wie eine Scheune aussähe, wie könnte man dann ernsthaft die Frage stellen, was wir denn sehen, wenn wir sie betrachten? Wir sehen dann natürlich eine *Kirche,* die jetzt *wie eine Scheune aussieht.* Wir sehen *keine* immaterielle Scheune, keine immaterielle Kirche, kein immaterielles Irgendetwas. Was sollte uns denn in diesem Fall dazu verleiten zu sagen, daß wir es doch tun?

Bemerken Sie übrigens, daß in Ayers Beschreibung des Stab-im-Wasser-Falles, der ja angeblich vor jeder philosophischen Schlußfolgerung liegen soll, sich schon der unangekündigte, aber wichtige Ausdruck »sichtbare Erscheinung« eingeschlichen hat? Es wird natürlich am Ende behauptet werden, daß wir *immer,* wenn wir etwas sehen, *nur* sichtbare Erscheinungen zu sehen kriegen – (was auch immer das sein mag).

Nehmen wir als nächsten Fall mein Spiegelbild. »Mein Körper«, sagt Ayer, »scheint in einiger Entfernung hinter dem Spiegel zu sein«. Aber da er davorsteht, kann er nicht wirklich dahinter sein. – Was sehe ich also? Ein Sinnesdatum! Nun, was ist damit? Wiederum – obwohl nichts dagegen einzuwenden ist zu sagen, mein Körper »scheint in einiger Entfernung hinter dem Spiegel zu sein« – müssen wir uns dabei klar werden, mit welcher Situation wir es zu tun haben. Er »scheint dort zu sein«, nicht in dem Sinne, der mich veranlassen könnte, hinter dem Spiegel nach ihm zu suchen (obwohl ein Baby oder ein Wilder versucht sein mögen, ebendies zu tun) und erstaunt zu sein, wenn dieses Unternehmen scheitert. (Denn zu sagen, daß »A *in* B ist«, bedeutet nicht immer, daß, wenn man B öffnet, man A findet; wie auch zu sagen, daß A *auf* B ist, nicht immer heißt, daß man es davon abheben könnte: siehe z. B. »Ich sah mein Gesicht *im* Spiegel« oder »ich habe Schmerzen *in* meiner großen Zehe« oder »ich habe ihn *im* Radio gehört«, »ich sah sein Bild *auf* der Leinwand« usw. Etwas im Spiegel zu sehen ist nicht, als ob man ein Brötchen im Schaufenster der Bäckerei sieht.) Aber folgt daraus, daß, wenn mein Körper sich nicht tatsächlich hinter dem Spiegel befindet, ich kein materielles Ding sehe? Natürlich nicht. Erstens einmal kann ich den Spiegel (fast immer) sehen. Ich kann meinen Körper »indirekt« sehen, nämlich im Spiegel. Ich kann auch die Reflexion meines eigenen Körpers sehen, oder – wie man auch sagen würde – mein Spiegelbild. Und ein Spiegelbild ist kein »Sinnesdatum«; es kann fotografiert werden, kann von mehreren Personen gesehen werden, und so weiter. (Hier besteht also natürlich weder Illusion noch Delusion.) Und wenn man die Frage stellt, was denn eigentlich in einiger Entfernung – sagen wir zwei Meter – hinter dem Spiegel sei, so ist die Antwort nicht »ein Sinnesdatum«, sondern »ein Teil vom Nebenzimmer«.

Der Fall der Fata Morgana ist bedeutend besser ge-
eignet für die Diskussion, die sie erfährt – jedenfalls,
wenn man mit Ayer die Annahme macht, daß die
Oase, die der Wanderer zu sehen glaubt, »nicht wirklich existiert«. Denn dann nehmen wir an, daß der
Mann wirklich getäuscht wurde, wirklich einer
Wahnvorstellung unterliegt, da er *kein* »materielles
Ding sieht«.[7] Aber selbst hier brauchen wir nicht zu
sagen, daß er »Sinnesdaten erfährt« [oder »hat«];
denn obwohl es, wie Ayer sagt, »bequem ist, *dem*
einen Namen zu geben«, was er erfährt, so besteht
doch die Tatsache, daß es bereits einen Namen hat,
nämlich *Fata Morgana.* Wiederum sollten wir so klug
sein, nicht zu schnell die Behauptung zu akzeptieren,
daß das, was er erlebt, *»ähnlichen Charakter hat* wie
das, was er erfahren würde, wenn er eine richtige
Oase sähe«. Aber wäre sie denn wirklich so sehr ähnlich? Und vorausschauend: wenn wir diesen Punkt
hier zugäben, fänden wir dieses Eingeständnis später
gegen uns verwendet, nämlich dann, wenn wir zustimmen sollen, daß wir *immer* Sinnesdaten sehen,
auch in normalen Situationen.

---

7. Nicht einmal »indirekt«, denn nichts dergleichen ist »gegeben«. Macht dies nicht den Fall wiewohl zugänglicher, so
doch viel weniger brauchbar für den Philosophen? Es ist
schwer einzusehen, in welcher Weise normale Fälle diesem *sehr
ähnlich* sein könnten.

IV

Im Laufe unserer Untersuchung werden wir Ayers eigene »Bewertung« des Arguments von der Illusion untersuchen müssen, nämlich, was es seiner Meinung nach beweist und warum. Aber im Augenblick möchte ich Ihre Aufmerksamkeit auf einen anderen Aspekt seiner Darstellung des Argumentes lenken – einen Aspekt, der tatsächlich den Darstellungen der meisten Philosophen gemeinsam eigen ist. Im Verlauf seiner Behandlung der Fälle, auf denen das Argument basiert, gebraucht Ayer die Ausdrücke »look« [aussehen], »appear« [erscheinen] und »seem« [zu sein scheinen] ziemlich frei, ohne offenbar – wie auch die meisten anderen Philosophen – großen Wert auf die Frage zu legen, welcher Ausdruck wann und wo zu gebrauchen sei; und tatsächlich deutet er durch die Geschwindigkeit seines philosophischen Gedankenflusses an, daß man sie untereinander austauschen kann, da sie sich kaum voneinander unterscheiden. Aber dies ist nicht der Fall. Die Ausdrücke haben tatsächlich *sehr* verschiedenen Gebrauch, und es macht oft einen *großen* Unterschied [im Englischen!], welche man gebraucht. Gewiß nicht immer – es gibt Fälle, wie wir sehen werden, in denen sie ziemlich dasselbe bedeuten, Zusammenhänge, in denen man sie mehr oder weniger vertauschen kann. Aber es wäre einfach ein Fehler, daraus, daß solche Fälle existieren, zu schließen, daß *gar* kein Unterschied im Gebrauch dieser Worte besteht. Dieser existiert durchaus, und es gibt viele Zusammenhänge und Konstruktionen, die dies zeigen.[1] Das einzige, was man hier tun kann, um fehlgeleitete Angleichungen zu vermeiden, ist, zahlreiche Beispiele des Gebrauchs dieser Ausdrücke zu untersuchen, bis wir schließlich das richtige Gefühl für sie kriegen.

Zuerst also: »look« [aussehen].
Hierbei gibt es mindestens die folgenden Fälle und Konstruktionen:

1. (a) Es sieht blau (rund, eckig usw.) aus. [It looks blue ...]
   (b) Er sieht aus wie ein Herr (wie ein Landstreicher, ein Sportler, ein typischer Engländer). [He looks a gentleman ...]
       Sie sieht schick aus (schrecklich, wie eine richtige Vogelscheuche).
       (Hier folgt auf das Verb [looks] direkt ein Adjektiv oder eine Adjektiv-Konstruktion.)

2. (a) Sie (eine Farbe) sieht aus wie blau (die Farbe). Es sieht aus wie eine Blockflöte. [It looks like a recorder.]
   (b) Er sieht (so) aus wie ein Herr (ein Matrose, ein Pferd). [He looks like a gentleman ...]

Hier wird »looks like« [sieht (so) aus wie] von einem

---

1. Vgl. die Ausdrücke »richtig«, »man soll«, »Pflicht«, »Verpflichtung«; – auch hier gibt es Zusammenhänge, in denen jedes dieser Wörter gebraucht werden könnte, aber nichtsdestoweniger bestehen große und wichtige Unterschiede zwischen ihnen. Auch diese Unterschiede werden im allgemeinen von den Philosophen vernachlässigt.

Substantiv gefolgt. (Ebenso bei »sounds like« [klingt wie]).

3. (a) Es sieht aus, als ob es regnet/regnete (es leer ist/wäre, es hohl ist/wäre).

   (b) Er sieht aus, als ob er 60 ist/wäre (ohnmächtig werden würde).

4. (a) Es sieht so aus, als ob wir nicht hinein können.

   (b) Er sieht aus, als ob ihm irgend etwas Sorgen macht.

Lassen Sie uns jetzt »appear« [(er)scheinen] probieren:

(1) (a) Es erscheint blau (verkehrt herum, länglich usw.).

    (b) Er scheint ein Gentleman. [He appears a gentleman.]

(2) (a) Es erscheint wie blau. [Deutsch: Es ist anscheinend blau.]

    (b) Er erscheint wie ein Gentleman. [He appears like a gentleman. Deutsch: Er ist anscheinend ein Herr.]

(Es ist jedoch sehr fraglich, ob diese Konstruktion mit »appears« wirklich defensibel ist; mir jedenfalls klingt sie sehr zweifelhaft in den Ohren.)

(3) und (4) (a) Es (er)scheint (mir) so, als ob ... (als wenn ...)

           (b) Er erscheint als ob ... (als wenn ...)

(5) (a) Es scheint sich auszudehnen.
        Es scheint eine Fälschung zu sein. [It appears
        to be a ...].
    (b) Er scheint sie zu mögen (seine gute Laune wie-
        dergefunden zu haben).
        Er scheint ein Ägypter zu sein.

(6) (a) Es erscheint als schwarzer Fleck am Horizont.
    (b) Er scheint ein Mann von gutem Charakter
        (z. B. von seiner Erzählung. Wir können auch
        von einem Schauspieler sagen, daß er »als Na-
        poleon erscheint«.)

(7)   Es scheint, daß sie alle aufgegessen sind.

Zu bemerken ist, daß wir es hier mit Konstruktionen
zu tun haben (vor allem bei 5 bis 7), die mit »looks«
nicht vorkommen.[2] Diese sind in gewisser Weise für
unsere Untersuchung die wichtigsten Fälle.

Über »seems« [es scheint (zu sein)] läßt sich kurz
sagen, daß es dieselbe Konstruktion hat wie »appears«
[erscheint], jedoch mit weniger Zweifeln über die
Richtigkeit von (2): (»es scheint so zu sein wie in
alten Zeiten«; »es erscheint alles wie ein Alptraum«)
– *außer* daß »seems« keine der (6) analogen Konstruktionen aufweist – eine wichtige Abweichung.

2. Vielleicht kommen doch einige davon in der Umgangssprache
vor. Aber die Umgangssprache ist oft etwas ungenau, und wir
wissen meistens, wann sie es ist. Natürlich nicht, wenn wir die
Sprache nicht gut kennen, oder wenn wir für diese Dinge kein
Gespür haben.

Wie sollen wir aber die Unterschiede zwischen den
verschiedenen Worten in diesen verschiedenen Konstruktionen erkennen? Nun – *ein* Unterschied springt
gleich ins Auge: »es sieht aus« [looks] ist, grob gesprochen, auf das *Sehen* beschränkt, während der Gebrauch von »erscheint« [appears] oder »scheint«
[seems] sich auf *keinen* speziellen Sinn bezieht.[3] Daher gibt es auch eine ganze Anzahl von Wörtern
analog zu »sieht aus«, z. B. »klingt wie« oder »hört
sich an wie«, »riecht«, »schmeckt«, »fühlt sich an
(wie)«, die alle, ein jedes für seinen speziellen Sinn,
ziemlich dasselbe leisten wie »(es) sieht aus (wie)« für
den Gesichtssinn leistet.

Aber wir müssen natürlich auf die feineren Unter-
schiede achten; und dafür müssen wir wieder einige
Beispiele betrachten und uns fragen, unter welchen
Umständen wir was sagen würden, und warum.

Betrachten wir also:

1. Er sieht schuldig [schuldbewußt?] aus.
2. Er erscheint schuldig. [Er ist scheinbar schuldig.]
3. Er scheint schuldig zu sein. [Er ist anscheinend schuldig.]

Das erste würden wir sagen in bezug auf sein *Aussehen* – er hat den Anblick eines schuldigen Mannes.[4]

---

3. Ohne Zweifel gebrauchen wir oft »es sieht aus«, wenn wir
nicht einfach und wörtlich »es sieht für das Auge aus...«
sagen wollen: natürlich, denn die Bedeutung des Wortes
»sehen« dehnen wir auf dieselbe Weise aus.
4. Vergleiche den Unterschied zwischen »ich mag seinen An-

Das zweite, meine ich, würde typischerweise in bezug auf *besondere Umstände* gebraucht werden: »ich bin ganz Ihrer Meinung, daß, wenn er Ausflüchte gegenüber all den Fragen macht, was er denn mit dem Geld gemacht hätte, er schuldig erscheint; aber die meiste Zeit über ist sein Benehmen (nicht nur sein Aussehen) die Unschuld selbst«. Und das dritte nimmt ziemlich eindeutig implizit Bezug auf gewisse *Evidenz*, die natürlich ein Licht auf die Frage wirft, ob er tatsächlich schuldig ist, ohne diese Frage eindeutig entscheiden zu können, also: »Nach der bisherigen Beweiserhebung scheint er zweifellos schuldig zu sein.«

Betrachten Sie auch folgende Beispiele:

(1) »Der Hügel sieht steil aus« – er hat das Aussehen eines steilen Hügels;
(2) »Der Hügel erscheint steil« – wenn man ihn von hier unten betrachtet;
(3) »Der Hügel scheint steil zu sein« – in Anbetracht der Tatsache, daß wir zweimal einen kleineren Gang einlegen mußten.

Fernerhin:

(1) »Sie sieht schick aus« – ganz eindeutig;
(2) »Sie scheint schick zu sein« – von den Fotografien zu urteilen, oder von dem, was man mir von ihr erzählt hat – usw.

blick nicht« und »ich mag seine Erscheinung nicht« und bedenke, daß wir oft aus vielen verschiedenen Gründen den Schein wahren wollen, von denen einer der sein mag, damit es »nach etwas aussieht«.

(3) »Sie erscheint (mir) schick«; diese Ausdrucksweise
    ist ziemlich zweifelhaft; *vielleicht* »erscheint sie
    schick« in provinziellen oder einfachen Kreisen.

Es ist also klar, ohne daß man sehr ins Detail geht,
daß die Wurzeln des Gebrauchs von »aussehen«, »erscheinen« und »zu sein scheinen« nicht dieselben sind;
und daß wir sehr oft das eine statt des andern Wortes
gebrauchen. Ein Mann, der schuldig zu sein scheint,
braucht nicht unbedingt schuldig *auszusehen*. Es ist
jedoch leicht einzusehen, daß sie sich in geeigneten
Zusammenhängen sehr annähern können: so mag z. B.
die Tatsache, daß jemand krank aussieht, die Grundlage dafür *sein*, daß wir sagen, er scheine krank zu
sein; oder unsere Bemerkung über die Art und Weise,
wie etwas aussieht, mag ein Kommentar sein darüber,
wie es unter bestimmten Bedingungen erscheint. Aber
natürlich ist dies nicht so, wenn *entweder* die Art und
Weise, wie etwas aussieht, total ungenügende Evidenz
dafür ist (es wäre vorschnell, zu sagen, daß ihr
Schmuck echt ist, nur weil er echt aussieht); *oder*
wenn das Aussehen eines Dinges schon bestimmend
für es ist (was sonst soll man tun, um schick zu *sein*,
als schick *auszusehen*?); oder wenn die Frage, ob
etwas dies oder jenes *ist*, gar nicht zur Diskussion
steht (»er sieht aus wie sein Vater« – aber niemand
wird behaupten wollen, daß er sein eigener Vater zu
sein scheint). Und dann wiederum gibt es spezielle
Fälle, in denen die Art und Weise, wie etwas aussieht
(oder sich anfühlt usw.) entweder alles ist, was wir
über die Sache erfahren können, oder aber alles, was

uns normalerweise an ihr interessiert; so machen wir
gewöhnlich keinen Unterschied zwischen »Die Sonne
ist warm« und »die Sonne wärmt« oder »der Himmel
ist blau« und »der Himmel sieht blau aus«.

Daß wir im allgemeinen sagen »es scheint«, wenn wir
bestimmte, aber nicht schlüssige Evidenz dafür haben,
bringt es mit sich, daß »es scheint« verträglich ist sowohl mit »es mag sein« wie mit »es muß nicht sein«,
z. B.: »er mag schuldig sein; jedenfalls scheint er
schuldig zu sein« oder auch: »er scheint schuldig zu
sein, aber vielleicht ist er es nicht« [oder besser: »es
hat jedenfalls den Anschein, als sei er schuldig – aber
vielleicht ist er es nicht«]. »(Er) scheint ... zu sein«
kann auch in Verbindung mit »(er) ist es« oder »(er)
ist es nicht« auftreten, aber dies bedeutet meistens
eine Verlagerung der darin implizierten Evidenz.
Wenn ich sagen würde: »Gewiß scheint er schuldig
zu sein, aber er ist es nicht«, so würde ich gewöhnlich
nicht damit meinen, daß *dasselbe* Beweismaterial, auf
Grund dessen er schuldig zu sein scheint, auch belegt,
daß er es nicht ist; sondern daß, sagen wir, er schuldig zu sein scheint auf Grund der bisherigen Beweis-
aufnahme (oder auf Grund der öffentlich zugängigen
Beweise), es aber noch *weitere* Beweise gibt (oder ich
noch weitere habe), die zeigen, daß er es nicht ist.
Natürlich *könnte* ich seine Schuld behaupten oder
verneinen, trotz aller gegenteiligen Evidenz; aber das
wäre nicht der normale Fall und könnte es auch nie
sein.

Die Konstruktion »es scheint wie ...« verlangt jedoch
besondere Behandlung. Es scheint ihre Aufgabe zu
sein, den *allgemeinen Eindruck* zu vermitteln, den

etwas macht; und obwohl es manchmal dem »es
scheint ... zu sein« nahekommt (»Es schien [wie]
eine wichtige Verhandlung« oder »es schien eine
wichtige Verhandlung zu sein«)[5], ist dies doch auch
oft nicht der Fall. Das heißt, der generelle Eindruck
mag als Beweis gelten; aber oft tut er es nicht. »Die
nächsten drei Tage erschienen (mir) wie ein langer
Alptraum« soll nicht heißen, daß sie wirklich einer
zu sein schienen, daß ich meinte, dies *wäre* ein Alptraum, sondern höchstens, daß es *wie* ein solcher war.
In diesem Zusammenhang ist es schwer, zwischen
»sein« und »scheinen« zu unterscheiden.

Es gibt natürlich überhaupt keine umfassende Antwort auf die Frage, wie weit »es sieht aus« [looks]
oder »es sieht aus wie« [looks like] verwandt ist mit
»ist«; das hängt ganz von den Umständen des jeweiligen Falles ab. Wenn ich sage, daß Petroleum wie
Wasser aussieht, so mache ich lediglich eine Bemerkung darüber, wie Petroleum *aussieht*; ich bin nicht
versucht zu glauben und unterstelle auch nicht, daß
Petroleum vielleicht Wasser *sei*. Gleicherweise mit:
»Eine Blockflöte klingt wie eine Flöte.« Aber »das
sieht wie Wasser aus« (»das klingt wie eine Flöte«)
ist eine andere Sache: wenn ich nicht schon weiß,
was »das« ist, dann *könnte* es sein, daß die Tatsache,
daß es wie Wasser aussieht, für mich ein Grund ist
zu glauben, es *sei* Wasser. Aber es könnte auch *kein*

5. (Anm. d. Übers.) Hier divergiert das Deutsche beträchtlich
vom Englischen. Der erste Ausdruck ist bestenfalls ungebräuch-
lich, vielleicht einfach schlechtes Deutsch; besser wäre »es erschien (ihm) wie eine wichtige Verhandlung«, aber dies hat
einen etwas anderen Sinn.

Grund für mich sein. Wenn ich sage: »das klingt wie
eine Flöte«, dann *sage* ich nur, daß der Klang eine
gewisse Eigenschaft hat; dies mag Evidenz dafür sein,
um welches Instrument es sich handelt, das diesen
Ton produziert – oder auch nicht, oder mag als Evidenz beabsichtigt oder verstanden worden sein. Wie
es beabsichtigt oder aufgenommen worden ist, hängt
von weiteren Umständen der Aussage ab. Die Worte
selbst geben dafür keinen Hinweis, weder in die eine
noch die andere Richtung.

Dann gibt es noch eine andere Art von Unterschieden
über die Art und Weise, in der »looks like« [es sieht
aus wie] gemeint und verstanden wird. Nehmen wir
an, wir beobachten von den oberen Sitzen eines Sta-
dions einen Fußball-Länderkampf, in dem die eine
Mannschaft japanisch ist. Eine der Mannschaften
kommt auf das Feld gerannt. Ich könnte sagen:

(1) »Sie sehen aus wie Ameisen«; oder
(2) »Sie sehen aus wie Europäer«.

Nun ist es deutlich genug, daß, wenn ich (1) sage, ich
nicht sagen will, daß ich entweder glaube, einige
Ameisen kämen auf das Feld gelaufen oder die Spieler sähen bei näherer Betrachtung genau oder auch
nur beinahe so aus wie Ameisen. (Ich werde sehr
wohl wissen und sogar sehen können, daß sie z. B.
nicht die auffallend abgeschnürte Taille haben.) Was
ich meine, ist natürlich, daß Menschen aus dieser
Distanz (fast) aussehen wie Ameisen aus der Entfernung, aus der man sie normalerweise sieht – sagen
wir, von etwa zwei Metern. Dagegen *könnte* ich,

wenn ich (2) sage, meinen, daß die Mannschaft, die
jetzt aufs Feld kommt, aus Europäern besteht oder
daß ich dies wenigstens aus ihrem Aussehen schließe;
oder ich könnte meinen, daß – obwohl ich weiß, daß
dieses die japanische Mannschaft ist – die Spieler vielleicht zu meinem Erstaunen aussehen wie Europäer,
daß sie wie Europäer anzusehen sind. (Vergleiche
»der Mond sieht nicht größer aus als ein Groschen«;
er sieht natürlich nicht so aus, als *sei* er nicht größer
als ein Groschen oder so, wie ein Groschen aussähe,
wenn er so weit weg wäre wie der Mond. Sondern er
sieht etwa so aus wie ein Groschen, auf Armeslänge
betrachtet.)

Einige dieser Schwierigkeiten müssen dem Wort »wie«
[like] und nicht speziell dem »aussehen wie« zugeschrieben werden. Nehmen wir zum Beispiel: »Diese
Wolke ist wie ein Pferd« und: »Das Tier ist wie ein
Pferd«. Im Fall der Wolke hätten wir, selbst wenn wir
gesagt hätten, sie sei *genau* wie ein Pferd, doch nicht
gemeint, daß man sie leicht für ein Pferd halten
könnte und vielleicht versucht wäre, darauf reiten zu
wollen usw. Aber wenn ein *Tier* wie ein Pferd aussieht, dann könnte man es unter Umständen für ein
Pferd halten und versuchen, darauf zu reiten usw.[6]
Hier genügt es also auch nicht, nur die Wörter selbst
zu untersuchen; was – genau – gemeint ist und was
man implizieren kann, ist (wenn überhaupt) nur

6. Man beachte, daß im Gegensatz zu dem, was einige philosophische Theorien nahezulegen scheinen, der Begriff des So-
Seins dem Begriff des So-ähnlich-Seins vorausgeht. »Man
nennt das Schwein mit Recht so, denn es frißt wie eines.« Wie
viele Fehler enthält dieser Satz?

durch Untersuchung der vollen Umstände, in denen die Worte gebraucht werden, zu entscheiden. Wir haben bereits erwähnt, daß, wenn wir von dem in Wasser getauchten Stock sagen, daß er »geknickt aussieht«, man sich die Situation vor Augen halten muß, mit der wir es zu tun haben. Man darf natürlich nicht annehmen, daß wir, wenn wir diesen Ausdruck in dieser Situation benutzen, der Meinung sind, der Stock sähe wirklich so aus wie ein tatsächlich geknickter Stock und er könnte auch dafür gehalten werden. Und wir sollten hier vielleicht gleich hinzufügen, daß Beschreibungen z. B. von Träumen offensichtlich nicht genau dieselbe Stärke oder die Konsequenzen haben können, wie sie dieselben Worte hätten, wenn wir sie zur Beschreibung von gewöhnlichen Tages-Erlebnissen benutzten. In der Tat, gerade weil wir alle wissen, daß Träume *durchweg* den Wach-Erlebnissen *un*ähnlich sind, können wir gewöhnliche Ausdrücke unbedenklich zu ihrer Beschreibung benutzen; denn die Besonderheit der Traumsituation ist zu gut bekannt, als daß jemand (sich) dadurch irreführen lassen könnte.

Schließlich noch zwei Bemerkungen: Erstens lohnt es sich in Anbetracht dessen, was viele Philosophen gesagt haben, zu betonen, daß Beschreibungen eines Aussehens weder »nicht korrigierbar« [incorrigible] noch »subjektiv« sind. Natürlich ist es zweifellos recht unwahrscheinlich, daß wir uns bei einem so geläufigen Wort wie »rot« irren könnten (es sei denn bei Grenzfällen). Aber es könnte doch sicher jemand sagen: »Es sieht heliotropfarben aus« und dann Zweifel haben, *entweder*, ob »heliotrop« wirklich die richtige Farbbezeichnung dieses Dinges ist *oder* (nachdem er nochmal hingesehen hat) ob dieser Gegenstand wirklich heliotropfarben aussieht. Es gibt wirklich nichts, was *im Prinzip* endgültig, schlüssig, unwiderlegbar ist betreffs irgend jemandes Aussage, daß dies-oder-das so-oder-so aussieht. Und selbst wenn ich sage: ». . . sieht für mich jetzt so und so aus«, könnte ich, wenn man mich drängt oder wenn ich noch einmal genauer hinsehe, meine Aussage zurücknehmen oder verbessern wollen. Indem man andere Zeiten und andere Leute ausschließt, hat man noch nicht jede Unsicherheit ausgeschlossen und auch nicht jede Möglichkeit herausgefordert, eines andern überführt zu werden. Und noch offensichtlicher ist es vielleicht, daß die Art und Weise, wie die Dinge *aussehen*, im allgemeinen ebensosehr ein Tatbestand ist, öffentlicher Zustimmung oder Ablehnung ebenso zugänglich wie die Art und Weise, wie die Dinge *sind*. Ich sage nichts über *mich* aus, wenn ich behaupte, daß Benzin wie Wasser aussieht, sondern nur über das Benzin.

Zum Schluß eine Bemerkung über »seems« [es scheint . . . zu sein]. Es ist bezeichnend, daß wir ein Urteil oder eine Meinung mit den Worten einleiten können »dem Aussehen nach zu urteilen . . .« [to judge from its looks . . .] oder »dem Anschein nach . . .« [going by appearances . . .]; aber daß wir nicht sagen können »nach dem *Scheinen* zu urteilen . . .« [to judge by its *seemings* . . .] – es gibt [im Englischen] kein solches Substantiv.[7] Warum nicht? Liegt das nicht daran, daß

---

7. (Anm. d. Übers.) Im Deutschen können wir durchaus sagen: »dem Schein nach . . .«, aber dies ist eine andere grammatikalische Konstruktion als »dem Aussehen nach . . .«.

– während Aussehen und Erscheinungen uns Tatsachen vermitteln, auf Grund derer wir zu urteilen ver-
mögen – die Aussage, wie die Dinge *zu sein scheinen*,
schon ein Urteil in sich enthält? Dies ist – in der Tat –
höchst bezeichnend für die besondere, seltsame Funktion von »seems« [es scheint . . . zu sein].

V

Ich möchte jetzt das philosophische Argument wie-
deraufnehmen, wie es in den Texten erscheint, die wir
hier besprechen. Wie ich vorhin sagte, beabsichtigt das
Argument von der Illusion vor allem, uns zu über-
zeugen, daß in gewissen, anormalen Situationen das,
was wir direkt wahrnehmen, ein Sinnesdatum ist.
Aber dann kommt der zweite Schritt, in dem wir uns
damit einverstanden erklären sollen, daß das, was wir
(direkt) wahrnehmen, *immer* ein Sinnesdatum ist, sogar im normalen, nicht strittigen Fall. Es ist diese
zweite Stufe des Arguments, die wir nun untersuchen
müssen.

Ayer legt das Argument in folgender Weise dar.[1] Er
sagt, es existiert »kein typischer Unterschied in der
Art unserer Wahrnehmungen, die in ihrer Darstellung
der materiellen Dinge wahrhaftig [veridical] sind,
und denen, die trügerisch [delusive] sind. Wenn ich
einen geraden Stab betrachte, der im Wasser durch
Lichtbrechung geknickt erscheint, so ist mein Wahrnehmungs-Erlebnis qualitativ dasselbe, als ob ich
einen Stab ansehe, der wirklich geknickt ist...«.
Wenn wir jedoch in jedem Fall »von trügerischer
[delusive] Wahrnehmung etwas wahrnähmen, was
sich in der Art von unseren veridischen [veridical]
Wahrnehmungen unterscheidet, dann würden wir erwarten, daß unser Wahrnehmungs-Erlebnis in den
beiden Fällen verschieden ist. Wir müßten in der Lage

1. Ayer, a. a. O., S. 5–9.

sein, aus dem intrinsischen Charakter einer Wahrnehmung zu entnehmen, ob es eine Wahrnehmung eines
Sinnesdatums oder eines materiellen Gegenstandes ist.
Aber das ist nicht möglich ...«. Prices Darstellung
dieses Punktes,[2] auf die uns Ayer hinweist, ist allerdings nicht genau analog. Denn Price ist schon
irgendwie zu dem Schluß gekommen, daß wir *immer*
Sinnesdaten wahrnehmen, und versucht hier nur
nachzuweisen, daß wir *normale* Sinnesdaten als »Teile
der Oberfläche materieller Dinge« nicht von *anormalen* unterscheiden können, die »nicht Teile der Oberfläche materieller Dinge« sind. Das Argument, das
er anführt, ist jedoch im wesentlichen dasselbe: »Das
anormale, krumme Sinnesdatum eines geraden Stabes,
der im Wasser steht, ist qualitativ nicht zu unterscheiden von dem normalen Sinnesdatum eines krum-
men Stabes.« Aber, »ist es nicht unglaubhaft, daß
zwei Dinge, die sich in all diesen Eigenschaften ähnlich sind, in Wirklichkeit so total verschieden sein
sollen: daß das eine ein realer Bestandteil eines materiellen Gegenstandes sein soll, gänzlich unabhängig
von dem Verstand und dem Organismus des Beobachters, während der andere nur ein flüchtiges Produkt seiner Gehirnvorgänge sein soll?«
Es wird ferner sowohl von Ayer als auch von Price
die Meinung vertreten, daß »wir selbst in dem Fall
wahrhaftiger Wahrnehmungen materielle Dinge nicht
direkt wahrnehmen« (oder, bei Price, daß unsere Sinnesdaten nicht Teil der Oberfläche der materiellen
Dinge sind), weil »wahrhaftige und trügerische Wahr-

---

2. *Perception*, S. 31.

nehmungen eine kontinuierliche Reihe bilden können. Wenn ich mich daher einem Objekt langsam aus der Entfernung nähere, mag ich zuerst eine Reihe von Wahrnehmungen haben, die trügerisch sind in dem Sinne, daß das Objekt kleiner erscheint, als es in Wirklichkeit ist. Angenommen, diese Reihe endet in einer wahrhaftigen Wahrnehmung.[3] Dann wird der qualitative Unterschied zwischen dieser Wahrnehmung und ihrem unmittelbaren Vorgänger von derselben Größenordnung sein wie der Unterschied zwischen zwei beliebigen benachbarten Wahrnehmungen in der Reihe...«. Aber »dies sind Gradunterschiede und nicht Artunterschiede. Das jedoch, so wird hier behauptet, entspricht nicht unseren Erwartungen, wenn die wahrhaftige Wahrnehmung bei Wahrnehmung eines Objekts von anderer Art wäre, nämlich von einem materiellen Ding, im Gegensatz zu einem Sinnesdatum. Zeigt nicht die Tatsache, daß wahrhaftige und trügerische Wahrnehmungen in der in diesen Beispielen illustrierten Weise ineinander übergehen, daß die wahrgenommenen Objekte in beiden Fällen ursprünglich dieselben sind? Und daraus würde doch folgen (wenn wir zugeben, daß trügerische Wahrnehmungen Perzeptionen von Sinnesdaten sind), daß das, was wir direkt wahrnehmen, immer ein Sinnesdatum ist und niemals ein materielles Ding.« Wie Price sagt: »Es erscheint ganz außerordentlich, daß es da einen so totalen Unterschied in

---

3. Aber man könnte fragen, was diese Annahme heißen soll. Von welcher Entfernung »sieht« ein Gegenstand, z. B. ein Kricket-Ball, »so groß aus, wie er wirklich ist«? Von zwei Metern? Oder von zehn Metern?

der Art [der Perzeption] geben soll, wo es sich nur um einen infinitesimalen qualitativen Unterschied handelt.«[4]
Nun, wie sollen wir die hier vorgelegten Argumente verstehen?
1. Erstens ist es ziemlich offensichtlich, daß die Terminologie, in die Ayer das Argument kleidet, stark tendenziös ist. Price, wie Sie sich erinnern werden, verwendet das Argument nicht als Beweis dafür, daß wir immer Sinnesdaten wahrnehmen. Diese Frage ist seiner Meinung nach schon erledigt, und er sieht sich hier nur mit der Frage konfrontiert, ob es Sinnesdaten gibt, die »Teile der Oberfläche von materiellen Gegenständen« sind. Aber in Ayers Darstellung ist das Argument tatsächlich als Grund für die Folgerung vorgetragen, daß das, was wir in der Perzeption direkt wahrnehmen, immer ein Sinnesdatum ist; und wenn das so ist, dann scheint es doch ein schwerer Defekt zu sein, wenn dieser Schluß praktisch schon vom ersten Satz der Formulierung des Arguments vorausgesetzt wird. In diesem Satz nämlich gebraucht Ayer das Wort »perceptions« [Wahrnehmungen] – und dies auch nicht zum ersten Mal (ein Wort, das übrigens nirgendwo definiert oder erklärt wird) – und hält es für selbstverständlich, hier und überall, daß es in jedem Fall eine Art von Entitäten [Wesenheiten] gibt, deren wir in absolut allen Fällen gewahr

---

4. Ich will hier nicht ein weiteres Argument besprechen, das sowohl von Price wie von Ayer zitiert wird, welches auf die »kausale Abhängigkeit« unserer »Wahrnehmungen« von den Beobachtungsbedingungen und unserem eigenen »physiologischen und psychologischen Zustand« Bezug nimmt.

werden – nämlich »Perzeptionen«, »trügerische« [delusive] oder »wahre« [veridical]. Und da man schon gelernt hat, die Idee zu akzeptieren, daß jeder Fall, ob wahr oder trügerisch, uns mit »Perzeptionen« versorgt, bekommt man nur zu leicht das Gefühl, man würde eine Mücke zum Elefanten machen, wenn man nicht die »Sinnesdaten« auf ähnlich großzügige Weise verdaut. Tatsache ist, daß man uns noch nicht gesagt hat, was »Sinnesdaten« eigentlich *sind*; und die Annahme ihrer Allgegenwart ist irgendwie hereingeschmuggelt worden, ohne jede Erklärung oder Argumentation. Aber wenn diejenigen, an deren Adresse das Argument offensichtlich gerichtet ist, nicht veranlaßt worden wären, den wesentlichsten Punkt von vornherein zuzugeben, wäre es dann so leicht gewesen, an dem Argument festzuhalten?

2. Natürlich wollen wir auch einen Protest anmelden gegen die im Argument enthaltene Annahme einer einfachen Dichotomie zwischen »veridischen und delusorischen [d. h. wahrhaften und trügerischen] Erfahrungen«. Es gibt, wie wir schon sahen, *überhaupt keine* Berechtigung dafür, *entweder* alle sogenannten »delusorischen« Erfahrungen einerseits *oder* alle sogenannten »veridischen« Erfahrungen andererseits zusammenzufassen. Aber wiederum: Würde das Argument ohne diese Annahme auch so leichtes Spiel haben? Es wäre jedenfalls nicht so schnell zu formulieren – und das wäre nur ein Vorteil.

3. Lassen Sie uns jetzt sehen, was das Argument wirklich sagt. Es beginnt, wie Sie sich erinnern werden, mit der Feststellung einer angeblichen Tatsache – nämlich, daß »kein essentieller Art-Unterschied be-

steht zwischen denjenigen unserer Wahrnehmungen, die wahrhaftig sind in ihrer Darstellung der materiellen Dinge, und denen, die trügerisch sind« (Ayer); und daß »es keinen qualitativen Unterschied gibt zwischen normalen Sinnesdaten als solchen und anormalen Sinnesdaten als solchen« (Price). Lassen wir jetzt einmal die zahlreichen Unklarheiten in dieser Redeweise und die Einwände gegen diese Art zu sprechen, soweit es geht, beiseite, und fragen wir nur, ob das, was hier unterstellt wird, tatsächlich wahr ist. Stimmt es denn, daß »delusorische und veridische Wahrnehmungen« nicht »qualitativ verschieden« sind? Nun – mir erscheint es vollkommen ungewöhnlich, dies in so genereller Weise zu behaupten. Nehmen wir ein paar Beispiele. Ich habe vielleicht das Erlebnis zu träumen, daß ich dem Papst vorgestellt würde (dies wäre wohl ein sogenanntes »delusorisches« [trügerisches] Erlebnis). Kann man wirklich ernsthaft behaupten, daß dieser Traum »qualitativ ununterscheidbar« ist von einer *tatsächlichen* Audienz beim Papst? Ganz offensichtlich nicht! Schließlich gibt es doch den Ausdruck »traumhaft« oder »wie im Traum«, und man sagt von einigen Erlebnissen im wachen Zustand, sie hätten diese Qualität von Träumen – und einige Künstler und Schriftsteller versuchen manchmal, sie in ihren Werken einzufangen – meist ohne Erfolg. Wenn jedoch der hier vorgestellte Fall tatsächlich wahr wäre, dann wäre dieser Ausdruck völlig sinnlos, weil er auf *alles* angewandt werden könnte. Wenn Träume sich »qualitativ« nicht von Wach-Erlebnissen unterschieden, dann wäre jedes Wach-Erlebnis wie ein Traum; die »traumhafte« Eigenschaft wäre nicht etwa schwer

einzufangen, sondern unmöglich zu vermeiden.[5] Um
es noch einmal zu wiederholen: es ist wahr, daß
Träume mit denselben Ausdrücken *erzählt* werden
wie Erlebnisse des wachen Zustands; diese Ausdrücke
sind schließlich die besten, die wir haben; aber es
wäre ganz falsch, daraus zu schließen, daß das, was
in den beiden Fällen erzählt wird, *genau das gleiche*
ist. Wenn wir eins über den Schädel kriegen, so sagen
wir manchmal, »wir sehen Sterne«; deshalb ist jedoch
das »Sterne-Sehen«, wenn wir auf den Kopf geschla-
gen werden, nicht qualitativ ununterscheidbar von
dem Sehen der Sterne, wenn wir den Himmel betrachten.

Wiederum ist es einfach nicht wahr zu behaupten,
daß, wenn man das Nach-Bild eines hellen grünen
Fleckes gegen eine weiße Wand sieht, dies genauso
ist, als ob man einen solchen Fleck tatsächlich an der
Wand sieht; oder daß eine weiße Wand durch blaue
Brillengläser gesehen genauso aussieht wie eine blaue
Wand; oder daß das Sehen von weißen Mäusen im
Delirium tremens genau dasselbe ist wie das echte
Sehen von weißen Mäusen; oder daß der im Wasser
geknickt erscheinende Stab genauso aussieht wie ein
wirklich geknickter Stab. In all diesen Fällen *sagen*
wir vielleicht dasselbe (»sie sieht blau aus«, »er sieht
geknickt aus« usw.), aber das ist überhaupt kein
Grund, die eindeutige Tatsache zu bestreiten, daß die
»Erlebnisse« *verschieden* sind.

4. Als nächstes möchte ich wenigstens nach der Be-

---

5. Dies ist ein Teil (jedoch zweifellos nur *ein* Teil) von Descartes' Absurdität, wenn er mit dem Gedanken spielt, daß unsere sämtlichen Erfahrungen ein Traum sein könnten.

glaubigung eines seltsamen allgemeinen Prinzips fragen, auf das sich sowohl Ayer wie Price berufen,[6] daß nämlich zwei Dinge, die nicht »generisch dieselben« – d. h., nicht von »gleicher Art« – sind, sich weder gleichen noch sehr ähnlich sein können. Wenn es so wäre, sagt Ayer, daß wir von Zeit zu Zeit Dinge zweier verschiedener Arten wahrnähmen, dann »würden wir erwarten«, daß sie sich qualitativ unterscheiden. Aber warum, um des Himmels willen, sollten wir das? – Vor allem, wenn (wie er selbst andeutet) uns so etwas nie tatsächlich begegnet. Es fällt schwer, diesen Punkt sinnvoll zu behandeln wegen der ursprünglichen Absurdität der Hypothese, daß wir nur *zwei* Sorten von Dingen wahrnehmen. Aber wenn ich z. B. nie einen Spiegel gesehen hätte und man mir sagte, (a) daß man in Spiegeln die Reflexion von Gegenständen sieht und (b) daß Reflexionen von Dingen nicht »generisch dasselbe« seien wie die Dinge selbst, bestünde dann ein Grund für mich, nun zu erwarten, daß es einen riesengroßen Unterschied zwischen meinem Sehen der Dinge und meinem Sehen ihrer Reflexionen gäbe? Natürlich nicht; wenn ich klug wäre, würde ich einfach abwarten, um zu sehen, wie eine Reflexion aussieht. Wenn man mir sagt, daß eine Zitrone einer anderen Gattung angehört als ein Stück Seife, »erwarte« ich dann, daß kein Stück Seife wie eine Zitrone aussehen kann? Warum sollte ich das?

(Es lohnt sich vielleicht, darauf hinzuweisen, daß Price an dieser Stelle dem Argument durch eine

6. Ayer äußert allerdings später selbst Bedenken dagegen; siehe S. 12 seines Buches.

kühne rhetorische Wendung unter die Arme greift:
wie *könnten* denn auch zwei Dinge »qualitativ nicht
zu unterscheiden« sein, so fragt er, wenn das eine ein
realer Bestandteil eines materiellen Objekts ist und
das andere ein flüchtiges Produkt von Gehirnvor-
gängen«? Aber warum sollen wir uns denn einreden
lassen, daß Sinnesdaten *jemals* flüchtige Produkte
unserer Gehirnprozesse sind? Paßt denn diese farben-
prächtige Beschreibung z. B. auf die Reflexion meines Gesichts im Spiegel?)
5. Ein weiteres falsches Prinzip, auf dem das Argument hier zu basieren scheint, ist dieses: daß »trügerische und wahrhafte Erfahrungen« nicht »qualitativ«
oder »essentiell« unterscheidbar sein *dürfen* – denn
wenn sie es wären, so würden wir nie getäuscht. Aber
dies ist natürlich nicht der Fall. Daraus, daß ich
manchmal nicht in der Lage bin, A von B zu unterscheiden, weil ich getäuscht wurde, mich irrte oder
irregeleitet wurde, folgt keineswegs, daß A und B
nicht zu unterscheiden sind. Vielleicht hätte ich den
Unterschied zwischen ihnen gemerkt, wenn ich besser
aufgepaßt hätte; vielleicht kann ich Unterschiede dieser Art einfach nicht gut erkennen (wie z. B. Weine
verschiedenen Jahrgangs); vielleicht wiederum habe
ich ihren Unterschied nie kennengelernt oder bin in
den Unterscheidungen nicht geübt. Wie Ayer wahrscheinlich ganz richtig sagt, »ein Kind, das nicht gelernt hat, daß Lichtbrechung eine Verzerrung bewirkt,
würde natürlich glauben, daß der Stab, den es sieht,
wirklich geknickt ist«. Aber wie würde die Tatsache,
daß ein nicht eines Besseren belehrtes Kind wahrscheinlich zwischen refraktiertem und krummem Stab

nicht unterscheiden kann, die Behauptung beweisen,
daß kein qualitativer Unterschied zwischen den beiden Fällen besteht? Was für eine Reaktion würde ich
bei einem professionellen Teeprüfer hervorrufen, dem
ich sagte: »Es kann doch gar kein Unterschied zwischen den beiden Teesorten bestehen, denn ich habe
nie einen bemerkt.« Und weiter, wenn »Geschwindigkeit keine Hexerei« ist, so ist das, was die Hand des
Zauberers wirklich macht, nicht *genau* das, was wir
zu sehen meinen, sondern es ist einfach *unmöglich* zu
erkennen, was sie wirklich tut? In diesem Fall mag es
sogar wahr sein, daß wir keinen Unterschied sehen
können, und nicht nur, daß wir es nicht tun. Aber
selbst das bedeutet nicht, daß die zwei Fälle genau
gleich sind.
Ich will natürlich gar nicht bestreiten, daß es Fälle
geben mag, in denen »trügerische und echte Erfahrungen« wirklich »qualitativ nicht zu unterscheiden«
sind. Aber ich will durchaus verneinen, (a) daß diese
Fälle auch nur annähernd so häufig sind, wie Ayer
und Price anzunehmen scheinen, und (b) daß es diese
Fälle geben *muß*, um der unzweifelhaften Tatsache
Rechnung zu tragen, daß uns »unsere Sinne« manchmal »täuschen«. Wir sind schließlich keine quasi-un-
fehlbaren Wesen, die nur dann irregeführt werden
können, wenn das Vermeiden von Fehlern absolut
unmöglich ist. Aber wenn wir bereit sind zuzugeben,
daß es *einige* Fälle geben mag oder sogar gibt, in
denen »trügerische und echte Wahrnehmungen« wirklich nicht unterscheidbar sind, verlangt dieses Zu-
geständnis denn das Herbeiholen oder gar das Zulas-
sen von Sinnesdaten? Nein! Denn selbst, wenn wir

von vornherein zugeben würden (wofür wir noch keine Veranlassung gefunden haben), daß wir in den »anormalen« Fällen Sinnesdaten wahrnehmen, wären wir nicht verpflichtet, dieses Eingeständnis auch für die »normalen« Fälle zu machen. Denn warum im Himmel sollte es *nicht* der Fall sein, daß in einigen wenigen Situationen das Wahrnehmen *eines* Dinges genauso wie das eines *anderen* ist?

6. Es gibt eine weitere, ganz allgemeine Schwierigkeit in der Beurteilung der Stärke des Arguments, welche wir – ebenso wie die Autoren unserer Texte – bisher übergangen haben. Die Frage, die Ayer uns zur Untersuchung vorlegt, ist die, ob zwei Arten von »Wahrnehmungen«, die echten und die trügerischen, »qualitativ verschieden« sind, an sich verschieden sind oder nicht. Aber wie sollen wir auch nur beginnen, diese Frage zu untersuchen, wenn wir nicht wissen, was eine »Wahrnehmung« [perception] *ist*. Insbesondere, wie viele von den Umständen der Situation, wie sie normalerweise geschildert werden, sollen in »der Wahrnehmung« einbegriffen sein? Nehmen wir als Beispiel wieder den Stab im Wasser: es ist ein Begleitumstand dieses Falles, daß ein Teil des Stockes unter Wasser ist, und Wasser ist natürlich nicht unsichtbar; ist also das Wasser ein Teil »der Wahrnehmung«? Man kann sich kaum einen Grund denken, dies zu verneinen. *Wenn* das aber so ist, dann gibt es ein ganz offensichtliches Moment, wodurch sich »die Wahrnehmung« von derjenigen unterscheidet, in der ein geknickter Stab betrachtet wird, der *nicht* im Wasser ist. In einem gewissen Sinne ist die Anwesenheit oder Abwesenheit des Wassers nicht die *Haupt-*

sache in diesem Fall; wir sollen uns hier vor allem mit dem Stab beschäftigen. Aber Tatsache ist, wie eine große Anzahl psychologischer Untersuchungen gezeigt hat, daß die Unterscheidung zwischen zwei Dingen sehr oft von solchen mehr oder weniger äußerlichen Begleiterscheinungen der Hauptsache abhängt, selbst wenn diese nicht bewußt aufgenommen werden. Wie ich schon sagte, erklärt man uns nirgends, was »eine Wahrnehmung« eigentlich ist; aber könnte denn eine verfechtbare Erklärung, wenn sie gegeben wäre, all diese höchst bedeutsamen Begleitumstände ausschließen? Und wenn sie auf mehr oder weniger willkürliche Weise ausgeschlossen wären – wieviel Interesse oder Wichtigkeit wäre dann noch der Behauptung beizumessen, daß »echte« und »trügerische« Wahrnehmungen nicht unterscheidbar sind? Es ist unvermeidbar, daß, wenn man die Unterschiede zwischen A und B ausschließt, man nur ihre Ähnlichkeiten übrigbehält.

Ich schließe also daraus, daß dieser Teil des philosophischen Arguments Folgendes enthält (obwohl nicht in allen Fällen in gleich starker Weise): (a) die Annahme einer ganz falschen Dichotomie aller »Wahrnehmungen« in zwei Gruppen, den trügerischen und den echten – ganz zu schweigen von der unerklärten Einführung der »Wahrnehmungen« selbst; (b) eine implizite, aber groteske Übertreibung der Häufigkeit der »trügerischen Wahrnehmungen«; (c) eine weitere groteske Übertreibung der *Ähnlichkeit* zwischen trügerischen und echten Wahrnehmungen; (d) der irrtümliche Hinweis, daß eine solche Ähnlichkeit oder sogar qualitative *Identität* existieren *muß*; (e) die An-

nahme der ziemlich grundlosen Idee, daß Dinge, die
»gattungsungleich« sind, sich nicht qualitativ ähnlich
sein können; und (f) – was eigentlich eine Folge von
(c) und (a) ist – die mutwillige Vernachlässigung der
mehr oder weniger untergeordneten Eigenschaften, die
oft die Unterscheidung von Situationen ermöglicht,
die sich im großen und ganzen ähnlich sind. Dies
scheinen mir doch insgesamt recht schwerwiegende
Mängel zu sein.

VI

Ayer selbst akzeptiert natürlich weder das Argument von der Illusion, so wie es steht, ohne Einschränkung, noch die eben besprochenen Überlegungen zu dessen Unterstützung. Die Argumente, die er dargelegt hat, so sagt er, bedürfen der »Bewertung« [evaluation], und diese unternimmt er nun im folgenden.[1] Lassen Sie uns sehen, was er sagt.

Zuerst müssen wir mit Bedauern feststellen, daß Ayer, ohne zu zögern, einen großen Teil von den Stellen im Argument schluckt, die höchst zweifelhaft sind; in der Tat akzeptiert er all die entscheidenden Schnitzer, auf denen das Argument beruht. Zum Beispiel stört ihn die angebliche Dichotomie von »Sinnesdaten« und »materiellen Dingen« gar nicht – er neigt dazu, darüber zu diskutieren, was für eine *Art* von Dichotomie es ist, aber *daß* eine solche existiert, stellt er gar nicht in Frage. Er scheut nicht vor der unbegründeten Einführung dieser angeblichen Wesenheiten, den Wahrnehmungen, zurück, auch nicht vor deren weiterer Dichotomie in zwei scheinbar sauber getrennte Gruppen, den »wahren« [veridical] und den »trügerischen« [delusive]; er akzeptiert weiterhin ohne Beschwerde die Unterstellung, daß Mitglieder dieser beiden Gruppen »qualitativ nicht zu unterscheiden« sind. Seine Einstellung in bezug auf die Vorzüge unserer gewöhnlichen, unverbesserten, vor-philosophischen Redeweise ist schon etwas zweideutiger: auf

1. Ayer, a. a. O., S. 11–19.

S. 15 und 16 scheint er zu sagen, daß wir uns in Widersprüche verwickeln, wenn wir gewisse »Annahmen« machen, die wir doch alle (mindestens!) machen; aber auf S. 31 scheint er dies zurückzunehmen: es gäbe keinen Widerspruch, so sagt er dort, in unserer normalen Gepflogenheit, einige Perzeptionen für »wahr« [veridical] zu halten und andere nicht. Aber wie dies auch sei, so ist er doch schließlich davon überzeugt, daß eine »gewisse technische Terminologie wünschenswert« sei.

Wenn also Ayer so vieles von dem akzeptiert, worauf das Argument von der Illusion beruht, was sind dann eigentlich seine Vorbehalte? Nun, sein Hauptargument – inzwischen sicher wohlbekannt – ist, daß die Frage *keine faktische, sondern eine linguistische* ist. Er äußert Zweifel daran, ob das Argument wirklich funktioniert, wenn man annimmt, daß es sich auf Tatsachen bezieht. Er zweifelt jedenfalls daran, daß es als Beweis dafür gelten könne, daß wir *immer* Sinnesdaten wahrnehmen, da er (zu Recht) nicht einsieht, warum »Perzeptionen von Objekten verschiedener Art« *nicht* »qualitativ ununterscheidbar« sein sollten oder warum sie nicht »in eine kontinuierliche Reihe geordnet werden könnten«.[2] Aber er fragt weiter: »Beweist das ›Argument‹ wenigstens, daß es *überhaupt* Fälle von Perzeption gibt, in denen eine solche Annahme (d. h., daß die Objekte, die wir direkt wahrnehmen, materielle Dinge sind) falsch wäre?«

Recht seltsam erscheint natürlich der Hinweis darauf, daß man eines Arguments bedürfe, um diese Annah-

2. Ich lasse wiederum das Argument über »kausale Abhängigkeit« weg.

me zu widerlegen: denn wie könnte jemand überhaupt glauben, daß das, was er wahrnimmt, *immer* ein materieller Gegenstand sein muß? Ich glaube jedoch, daß man diese Lücke zumauern kann. Ayer ist hier, denke ich, nur in eine der Fallen geraten, die seine eigene Terminologie ihm stellt, wenn er es als selbstverständlich ansieht, daß die *einzige Alternative* zum »Wahrnehmen von Sinnesdaten« das »Wahrnehmen von materiellen Dingen« ist. Daher können wir ihm plausiblerweise die vernünftigere Absicht unterstellen, er wolle fragen, ob wir *jemals* Sinnesdaten wahrnehmen, statt absurderweise die Idee ernst zu nehmen, daß wir *immer* materielle Dinge wahrnehmen. »Wir nehmen nie Sinnesdaten wahr« ist tatsächlich *nicht* äquivalent oder vertauschbar mit: »Wir nehmen immer materielle Dinge wahr«; aber Ayer behandelt diese beiden Phrasen als austauschbar, und wir können deshalb durchaus annehmen, daß seine Frage jetzt lautet: Beweist das Argument von der Illusion wirklich, daß wir, in irgendeiner Situation, überhaupt je Sinnesdaten wahrnehmen?

Seinem weiteren Argument über diesen Punkt ist etwas schwer zu folgen, aber es verläuft ungefähr so:

(1) Wir müssen zugeben – jedenfalls scheint er es zuzugeben –, daß wir manchmal »Sinnesdaten wahrnehmen, die keine Teile von materiellen Dingen sind«, wenn – und *nur* dann – wir bereit sind zuzugeben, daß »manche Perzeptionen trügerisch sind«. (Natürlich ist das alles gar nicht ganz genau richtig, aber wir wollen es mal eben durchgehen lassen.)

(2) *Müssen* wir aber auch zugeben, daß manche Wahrnehmungen trügerisch sind? Es wird dies be-

hauptet, da wir »sonst den materiellen Dingen solche
widersprüchlichen Eigenschaften zuordnen müssen,
wie daß etwas gleichzeitig grün und gelb sei, oder
rund und elliptisch«.

(3) Aber solche Zuordnungen, sagt er, ergeben nur
dann Widersprüche, wenn »gewisse Voraussetzungen«
gemacht werden – zum Beispiel, daß die »wahre
Form« eines Groschens dieselbe bleibt, wenn ich den
Standort ändere, von dem aus ich ihn betrachte; oder
daß die Temperatur des Wassers in einer Schüssel »in
Wirklichkeit dieselbe ist«, wenn ich es erst mit einer
warmen und dann mit einer kalten Hand anfühle;
oder daß eine Oase nicht an einem bestimmten Ort
»wirklich existiert«, wenn niemand außer einem verrückt gewordenen Wanderer in der Wüste glaubt, sie
dort zu sehen. Ayer würde wahrscheinlich zugeben,
daß diese »Voraussetzungen« plausibel genug erscheinen; aber warum sollten wir nicht trotzdem versuchen, sie zu verneinen? Warum sollten wir nicht
sagen, daß materielle Dinge viel flinker sind, als wir
ihnen bisher zugetraut haben – dauernd damit beschäftigt, ihre wirkliche Form, ihre Größe, Farbe und
ihre Temperatur von Augenblick zu Augenblick zu
verändern? Warum sollten wir nicht auch sagen, daß
sie viel zahlreicher sind, als wir allgemein angenommen haben; daß, wenn ich Ihnen eine Zigarette anbiete, es eigentlich *zwei* materielle Dinge sind (zwei
Zigaretten?), die eine, die ich sehe und anbiete, *und*
die andere, die Sie sehen und annehmen, wenn Sie sie
nehmen? »Ich habe keinen Zweifel«, sagt Ayer, »daß
wenn wir eine größere Anzahl von Dingen postulie-
ren und sie für veränderlicher und flüchtiger halten,

als wir dies gewöhnlich tun, es möglich sein sollte, mit all den anderen Fällen in ähnlicher Weise zu verfahren.«

Damit hat Ayer in gewisser Weise durchaus recht; es ist sogar ein Understatement. Denn wenn wir uns diesen Grad von Lässigkeit erlauben, dann sind wir in der Lage, gewissermaßen mit *allen* Fällen fertig zu werden. Aber stimmt denn hier alles bei dieser Art von Lösung? Um Ayer nochmals zu zitieren: »Wie sollte man denn jemanden, der diese Einstellung besitzt, widerlegen? Die Antwort liegt darin, daß, solange wir die Angelegenheit als eine betrachten, die sich auf Tatsachen bezieht, es unmöglich ist, ihn zu widerlegen, und zwar deshalb unmöglich, weil gar keine Differenz zwischen uns besteht, was die Tatsachen anbetrifft. Wo wir sagen, daß die wahre Gestalt des Groschens unveränderlich ist, zieht er es vor zu sagen, daß seine Form einem zyklischen Änderungsprozeß unterliegt. Wo wir sagen, daß zwei Beobachter dasselbe materielle Ding sehen, da sagt er lieber, sie sähen verschiedene Dinge, die jedoch gewisse strukturelle Eigenschaften gemeinsam haben. Wo sich die Frage nach der Wahrheit oder Falschheit erhebt, muß es eine Meinungsverschiedenheit über die Art der empirischen Tatsachen geben. Aber in diesem Fall gibt es diese Unstimmigkeit gar nicht.« Deshalb ist die Frage, auf die das Argument von der Illusion eine Antwort geben will, eine rein *linguistische* und keine faktische: sie hat nichts damit zu tun, was der Fall ist, sondern nur, wie wir darüber sprechen sollten. – Damit beschließt Ayer seine »Auswertung« des Arguments.

Meine hauptsächliche Stellungnahme zu diesen recht
erstaunlichen Sätzen betrifft die Idee, die Ayer hier
zu vertreten scheint, daß die Worte »real«, »real
shape«, »real colour« [wirklich, wirkliche Gestalt,
wirkliche Farbe] usw. so gebraucht werden können,
daß sie bedeuten können, *was man will*; und ich
werde auch darüber sprechen, was sie *seiner* Meinung
nach bedeuten. Aber zuerst möchte ich auf die hoch-
interessante Tatsache hinweisen, daß seine Art zu
»beweisen«, daß die ganze Sache rein verbal ist (was
ich übrigens für ganz richtig halte), tatsächlich zeigt,
daß er sie durchaus nicht für echt verbal hält: seine
wirkliche Meinung ist nämlich die, daß wir *tatsächlich* nur Sinnesdaten wahrnehmen. Dies läßt sich
ganz einfach zeigen. Man könnte auf den ersten Blick
meinen, daß, wenn Ayer hiermit recht hätte, absolut
jeder Disput ein rein verbaler wäre. Wenn immer
dann, wenn jemand irgend etwas sagt, ein anderer
»es vorzieht«, etwas anderes zu sagen, so werden sie
sich *immer* nur um Worte streiten — darüber, welche
Terminologie die beste sei. Denn wie könnte auch nur
irgend etwas eine Frage der Wahrheit oder Falschheit
sein, wenn jeder sagen kann, was er will? Aber hier
sagt Ayer natürlich, daß zumindest manchmal eine
wirkliche »Meinungsverschiedenheit über die Art der
empirischen Daten existiert«. Aber welche Art von
Meinungsverschiedenheit kann denn das sein? Es ist
keine faktische Frage, so sagt er (so erstaunlich das
klingen mag), ob ein Groschen oder irgendein anderes
»materielles Ding« seine Form, seine Farbe, Größe
oder den Standort ständig ändert oder nicht; wir
können hier vielmehr sagen, was wir wollen. Wo also

sind die »empirischen Tatsachen« zu finden? Ayers
Antwort ist ganz eindeutig: es sind *Tatsachen der
Sinnesdaten*, oder, wie er es ausdrückt, »die Art der
sinnlichen Erscheinungen betreffend«, »der Phänomene«. Hier erst begegnen wir wirklich dem »empirischen Befund«. Seiner Meinung nach – seiner *echten*
Meinung nach – gibt es überhaupt gar keine anderen
»empirischen Tatsachen«. *Die* »harte« Tatsache ist,
daß es Sinnesdaten gibt; diese Wesenheiten existieren
wirklich, sind so, wie sie sind! Was auch immer für
andere Dinge wir besprechen und dabei so tun, *als ob
es sie gäbe*, ist lediglich eine Frage der linguistischen
Bequemlichkeit, aber »die Tatsache, auf die sich diese
Ausdrücke beziehen sollen«, sind immer dieselben –:
nämlich Tatsachen über Sinnesdaten!
Auf diese Weise wird uns klar – was uns vielleicht
gar nicht verwundert –, daß die augenscheinliche Verfeinerung von Ayers linguistischer Theorie eigentlich
direkt auf der alten Berkeleyschen und Kantischen
Ontologie der »sinnlichen Mannigfaltigkeit« beruht.
Er war also die ganze Zeit über vollkommen überzeugt von der Wahrheit der Argumente, die er mit
so viel Objektivität zu beurteilen vorgab. Und es
kann kein Zweifel bestehen, daß dies größtenteils auf
sein vollständiges Akzeptieren der traditionellen,
ehrwürdigen und verheerenden Art ihrer Interpretation
zurückzuführen ist.[3]

3. Oder doch nicht? Man könnte auch die in mancher Hinsicht gnädigere Ansicht vertreten, daß seine nonchalante Art,
das Argument von der Illusion zu behandeln, daher rührt,
daß er schon *aus anderen Gründen* von dem überzeugt ist, was
das Argument beweisen will. Ich vermute, daß diese Überlegung

Es ist eine seltsame und in mancher Hinsicht traurige Tatsache, daß die relativen Stellungnahmen von Price und Ayer über diesen Punkt genau dieselben zu sein scheinen wie die von Locke und Berkeley oder Hume und Kant. Bei Locke gibt es »Ideen« und außerdem »externe Objekte« [external objects], bei Hume »Impressionen« und auch »externe Objekte« [external objects], bei Price »Sinnesdaten« und außerdem »physikalische Bewohner« [occupants], während es in Berkeleys Lehre *nur* Ideen gibt, in Kants *nur* Vorstellungen (die Dinge-an-sich sind hier nicht eigentlich relevant) und in Ayers Lehre *nur* Sinnesdaten; aber Berkeley, Kant und Ayer sind sich darüber hinaus auch alle einig, daß wir so *sprechen können, als gäbe es* Körper, Gegenstände, materielle Dinge. Gewiß sind Berkeley und Kant nicht so großzügig wie Ayer – sie behaupten nicht, daß wir sagen können, was wir wollen, solange wir nur mit der sinnlichen Mannigfaltigkeit Schritt halten; aber in diesem Punkt würde ich es mit ihnen halten, wenn ich zu wählen hätte.

durchaus Gewicht hat, und werde später auf sie zurückkommen.

Aber jetzt müssen wir dieses Wort »real« [wirklich, echt] näher betrachten, das in der vorhergehenden Diskussion so oft gebraucht und nicht analysiert wurde (»wirklich«, »wirkliche Gestalt«, »echte Form« usw.). Ich will also versuchen, sozusagen das Wesen der Realität zu untersuchen – ein wichtiges Thema, obwohl ich im allgemeinen gar nicht diesen Anspruch erhebe.

Es ist ungeheuer wichtig, daß wir zuerst einmal zwei Dinge verstehen:

1. »Wirklich« [real] ist ein absolut *normales* Wort, das nichts Neues oder Technisches oder Hochspezialisiertes an sich hat. Das heißt, es ist in unserer gewöhnlichen Sprache, die wir alle täglich gebrauchen, fest eingebettet und häufig benutzt. Es ist also *in diesem Sinne* ein Wort mit fester Bedeutung, und man kann mit ihm nicht *ad libitum* herumspielen, ebensowenig, wie mit jedem anderen festgelegten Wort. Philosophen sind oft der Meinung, sie könnten einem Wort jede beliebige Bedeutung »zuschreiben«; und in einem absolut trivialen Sinn können sie dies zweifellos auch tun (wie bei Humpty-Dumpty). Es gibt natürlich einige Ausdrücke, wie z. B. »materieller Gegenstand«, die nur von Philosophen benutzt werden, und in einem solchen Fall können sie, in gewissen Grenzen, machen, was sie wollen. Aber die meisten Wörter werden *tatsächlich* bereits in einem besonderen Sinn gebraucht, und diese Tatsache kann man nicht einfach ignorieren. (Zum Beispiel lassen einige der Be-

deutungen, die man Worten wie »wissen« [know] und »mit Sicherheit« oder »gewiß« [certain] zugeschrieben hat, es ungeheuerlich erscheinen, daß wir diese Ausdrücke so gebrauchen, wie wir es tatsächlich tun. Aber dies zeigt nur, daß die Bedeutungen, die einige Philosophen ihnen zuschreiben, falsch sind.) Gewiß, wenn wir entdeckt haben, wie ein Wort tatsächlich gebraucht wird, so ist das noch nicht das Ende vom Lied. Es besteht kein Grund dafür, die Dinge genauso zu belassen, wie wir sie vorfinden. Wir möchten vielleicht etwas Ordnung in die Sache bringen, die Landkarte hier und da ein wenig revidieren, die Grenzen und Unterscheidungen etwas anders ziehen. Aber es empfiehlt sich doch immer, daran zu denken, daß (a) die Unterscheidungen in unserem riesigen und meist relativ alten Vorrat an alltäglichen Wörtern weder klein noch augenfällig sind und fast nie nur willkürlich zusammengetragen; (b) daß wir in jedem Fall herausfinden müssen, womit wir es zu tun haben, bevor wir selbst daran herumbasteln, und (c) daß das Spielen mit Wörtern auf einem kleinen Gebiet immer die Gefahr heraufbeschwört, unvorhergesehenes Unheil im Nachbargebiet anzurichten. Diese Bastelei ist gar nicht so einfach und auch nicht so oft notwendig oder gerechtfertigt, wie meist angenommen wird; manchmal wird sie nur deshalb für nötig gehalten, weil das, was wir schon vorfinden, falsch dargestellt wurde. Wir müssen uns zudem immer besonders vor der philosophischen Angewohnheit hüten, manche (wenn nicht alle) Formen des gewöhnlichen Gebrauchs eines Wortes als »unwichtig« abzutun – eine Gewohnheit, die Verdrehungen praktisch un-

VII   85

vermeidbar macht. Zum Beispiel, wenn wir über das
Wort »real« [wirklich, echt] sprechen, dürfen wir
solch simple, aber vertraute Ausdrücke wie »keine
richtige [echte] Schlagsahne«[1] nicht für unter der
Würde unserer Untersuchung erachten; dies könnte
uns davor bewahren, scheinbar zu sagen, daß, was
keine echte Schlagsahne ist, ein flüchtiges Produkt
unserer Einbildung (d. h. unserer zerebralen Vorgänge) sein muß.
2. Die andere, ungeheuer wichtige Tatsache ist die,
daß »real« durchaus *kein* normales Wort ist, sondern
ein höchst außergewöhnliches. Und zwar außerge-
wöhnlich insofern, als es (anders als Wörter wie
»gelb« oder »Pferd« oder »gehen«) nicht eine einzige,
spezifische, immer-gleiche *Bedeutung* hat. (Sogar Aristoteles hat diese Überlegung erkannt.) Aber es hat
auch nicht eine große Anzahl von verschiedenen Bedeutungen – es ist nicht *zweideutig*, nicht einmal
»systematisch« zweideutig. Worte dieser Art haben
schon viel Verwirrung gestiftet. Betrachten wir einmal
die Ausdrücke: »Kricket-Ball, Kricket-Schläger,
Kricket-Pavillon, Kricket-Wetter«. Jemand, der
nichts von Kricket wüßte und der außerdem von der
Anwendung »normaler« Wörter wie »gelb« besessen
wäre, würde vielleicht den Ball und den Schläger
anstarren und das Gebäude und schließlich das Wet-
ter betrachten, um aus ihnen allen die »gemeinsame
Eigenschaft« abzulesen, die ihnen – so nimmt er an –
kraft des Wortes »Kricket« zukommt. Aber er könnte

1. Für das englische Beispiel »not real cream« wäre im Deutschen besser »keine echten Perlen« oder »kein wirklicher
(Oster-)Hase« zu setzen.

keine solche Eigenschaft entdecken; und so nimmt er
vielleicht an, daß »Kricket« eine *unnatürliche* Eigenschaft ist, eine Eigenschaft, die nur durch *Intuition*,
nicht aber auf gewöhnliche Weise entdeckt werden
kann. – Wenn Ihnen diese Geschichte zu absurd vor-
kommt, so erinnern Sie sich nur daran, was die Philosophen über das Wort »gut« gesagt haben; und bedenken Sie ferner, daß viele Philosophen, die keine
natürliche Eigenschaft finden konnten, die richtigen
[wirklichen] Enten, echter [wirklicher] Sahne und
wirklichem Fortschritt gemeinsam ist, daraus geschlossen haben, daß die Wirklichkeit [Realität] ein
Begriff *a priori* sein muß, der vom Verstand allein
wahrgenommen wird.²

Beginnen wir also mit einem vorläufigen, ohne Zweifel recht zufälligen Überblick über die Schwierigkeiten beim Gebrauch von »real« [wirklich, richtig].
Betrachten Sie z. B. einen Fall, der auf den ersten
Blick ganz einfach aussieht: nämlich »die wirkliche
Farbe (von . . .)« [real colour]. Was meinen wir mit
der »wirklichen Farbe« eines Gegenstands? Nun, man
möchte mit einiger Überzeugung sagen, das sei einfach
genug: die *wirkliche* Farbe eines Dinges ist die Farbe,
die es für einen normalen Beobachter unter normaler
oder Standardbeleuchtung hat; und um zu wissen,
welche wirkliche Farbe etwas hat, brauchen wir nur
normal zu sein und es unter jenen Bedingungen zu
beobachten.

(a) Aber angenommen der Fall, ich sage zu Ihnen
von einer dritten Person: »Das ist nicht ihre wirkliche

2. ». . . common to real ducks, real cream, and real progress,
have decided that Reality must be an *a priori* concept . . .«

Haarfarbe«. Meine ich damit, daß, wenn Sie sie unter Bedingungen von normaler Beleuchtung sehen würden, ihr Haar eine andere Farbe hätte? Natürlich nicht – die Beleuchtungsverhältnisse mögen ja bereits normal sein. Ich meine natürlich, daß ihr Haar *gefärbt* ist, und normale Beleuchtung hat damit gar nichts zu tun. Oder nehmen wir an, Sie sehen ein Knäuel Wolle in einem Laden und sagen: »Das ist nicht seine wirkliche Farbe«. Dann *kann* ich damit meinen, daß es diese Farbe bei Tageslicht nicht haben wird; aber ich *kann* auch meinen, daß die Wolle nicht diese Farbe hatte, bevor sie gefärbt wurde. Wie so oft, kann man auch hier aus meinen Worten allein nicht ersehen, was ich meine; es hängt z. B. auch davon ab, ob das Ding, über das wir sprechen, zu dem Typ von Dingen gehört, die *normalerweise* gefärbt werden.

(b) Oder nehmen wir an, es gäbe eine Art von Fischen, die vielfarbig sind und vielleicht etwas irisierend, in einer Meerestiefe von tausend Fuß. Ich frage Sie, was ihre wirkliche [wahre] Farbe ist. Sie fangen also ein Exemplar und legen es auf Deck aus und vergewissern sich, daß die Lichtverhältnisse ungefähr normal sind, und stellen fest, daß es ein schmutziges weißgrau ist. Nun – ist *das* ihre wirkliche Farbe? Es ist doch wohl klar, daß wir das nicht sagen müssen. Gibt es in diesem Fall überhaupt eine richtige Antwort?

Vergleiche dazu: »Was ist der wirkliche Geschmack von Sacharin?« Wir lösen eine Tablette in einer Tasse Tee auf und stellen fest, daß es den Tee süß macht; wir probieren dann eine Tablette so und finden, daß

sie bitter schmeckt. Ist sie also *in Wirklichkeit* bitter
oder *in Wirklichkeit* süß?

(c) Was ist die wirkliche Farbe des Himmels? Der
Sonne? Des Mondes? Oder eines Chamäleons? Wir
sagen, daß die Sonne am Abend manchmal rot aussieht – was ist sie denn *wirklich*? (Was sind die
»Bedingungen für die Standardbeleuchtung« der Sonne?)

(d) Betrachten wir ein *pointillistisches* Gemälde von,
sagen wir, einer Wiese. Wenn der allgemeine Eindruck von dem Bild grün ist, mag das Gemälde
hauptsächlich aus gelben und blauen Flecken bestehen. Was ist denn seine wirkliche Farbe?

(e) Was ist die wirkliche Farbe eines Nach-Bildes
[after-image]? Hier ist das Problem, daß wir keine
Ahnung haben, was die Alternative zu seiner »wirklichen Farbe« sein könnte: die scheinbare Farbe? Die
Farbe, die es zu haben scheint, oder die, in der es erscheint? Diese Ausdrücke ergeben hier keinen Sinn.
(Man könnte mich fragen »Welche Farbe hat es wirklich?«, wenn man vermutete, daß ich gelogen hätte,
als ich die Farbe nannte. Aber »Welche Farbe hat es
wirklich?« ist nicht ganz dasselbe wie »Was ist seine
wirkliche Farbe?«)

Oder denken wir einen Augenblick an »wirkliche
Form« [real shape]. Dieser Begriff tauchte zuerst auf,
wie Sie sich erinnern werden, und zwar dort auf
scheinbar ganz unproblematische Weise, als wir die
Münze besprachen, die, von bestimmten Standorten
betrachtet, »elliptisch aussehen« sollte, aber eine wirkliche Form hatte (so sagten wir), die sich nicht ver-
änderte. Aber Münzen sind tatsächlich ein besonderer

Fall. Denn einmal sind ihre Umrisse scharf begrenzt
und sehr beständig, und zweitens haben sie eine *bekannte* und *benennbare* Form. Aber es gibt viele
Dinge, bei denen dieses nicht der Fall ist. Was ist
denn die wahre Form einer Wolke? Und wenn man
einwenden würde – was man durchaus könnte –, daß
eine Wolke kein »materielles Ding« ist und daher
auch keines, das eine wirkliche Form haben muß,
dann nehmen Sie diesen Fall: Was ist die wahre Form
einer Katze? Ändert sich die wirkliche Form jedesmal,
wenn die Katze sich bewegt? Wenn nicht, in welcher
Stellung ist dann ihre wirkliche Form zu sehen? Weiterhin, hat ihre wahre Form einen glatten Umriß,
oder muß sie so fein gezackt sein, daß jedes Haar zu
sehen ist? Es wird ziemlich deutlich, daß es *keine*
Antwort auf diese Fragen gibt – keine Regeln und
kein Verfahren, nach denen man eine Antwort finden
könnte. Natürlich gibt es viele Formen, die die Katze
bestimmt *nicht* hat – z. B. die zylindrische. Aber nur
in letzter Verzweiflung käme jemand auf den Gedanken, die wahre Form einer Katze »durch Elimi-
nierung« zu bestimmen.
Stellen wir diese den Beispielen gegenüber, bei denen
wir wissen, wie zu verfahren ist. »Sind das echte
Diamanten?« »Ist das eine richtige Ente?«[3] Schmuck,
der wie Diamanten aussieht, muß nicht aus echten

---

3. (Anm. d. Übers.) »real diamonds«; »a real duck«. – Es ist
bemerkenswert, daß im Deutschen hier nicht das Wort »wirkliche . . .« (und schon gar nicht das Wort »reale . . .«) gebraucht wird, sondern »echte« oder manchmal »richtige . . .«.
Austins sprachphilosophisches Argument verliert dadurch
viel von seinem Gewicht.

Diamanten bestehen, sondern kann aus Glas oder Kunstharz sein: Dies hier muß keine richtige Ente sein, weil es ein »Entenfang« [ein Köder aus Zelluloid] ist oder eine Spielzeugente oder eine Gänseart, die den Enten ähnlich sieht – oder, weil ich eine Halluzination habe. Diese Fälle sind natürlich alle ganz verschieden. Und beachten Sie insbesondere, daß (a) bei den meisten von ihnen »Beobachtung durch einen normalen Beobachter unter normalen Bedingungen« total irrelevant ist; (b) daß etwas, was keine richtige Ente ist, deshalb noch keine *nicht-existierende* Ente ist und auch nicht ein nicht-existierendes Irgendwas; und (c) daß etwas Existierendes, z. B. ein Spielzeug, durchaus etwas Nicht-Wirkliches sein kann, nämlich keine wirkliche Ente.[4]

Vielleicht haben wir nun genug gesagt, um darzulegen, daß in dem Gebrauch des Wortes »wirklich« [real, richtig, echt usw.] mehr Problematik liegt, als es oberflächlich den Anschein hat: das Wort hat viele

---

4. »Existieren« ist natürlich schon an sich sehr problematisch. Das Wort ist ein Verbum, aber es beschreibt nicht etwas, was die Dinge immerzu tun, wie z. B. atmen (nur leiser), wie das Ticken einer Uhr, aber auf metaphysische Art. Man muß sich daher wundern, was existieren *ist*. Die Griechen hatten es auf diesem Gebiet der Sprache noch schwerer – denn für unsere Ausdrücke »sein«, »existieren«, »wirklich« hatten sie nur ein Wort εἶναι. Wir haben also nicht wie sie eine Entschuldigung dafür, bei diesem verworrenen Thema verwirrt zu sein.
(Anm. d. Übers.) Dieses Argument von Austin ist auf Deutsch kaum noch aufrechtzuerhalten: seine Pointe fällt in sich zusammen. Es heißt im Original: »something existent, e. g. a toy, may ... not be real, e. g. not a real duck.«

verschiedene Anwendungen [und quasi-Synonyma] in verschiedenen Zusammenhängen. Als nächstes müssen wir versuchen, die Dinge etwas zu ordnen; und ich will jetzt unter vier Überschriften das erwähnen, was vielleicht die wichtigsten Eigenschaften im Gebrauch des Wortes »real« sind – obwohl nicht *alle* Eigenschaften gleichermaßen auffällig in allen Anwendungen des Wortes sind.

1. Zuerst einmal ist »real« [wirklich, echt, richtig] ein Wort, das »Substantiv-hungrig« ist.[5] Betrachten wir:

> »These diamonds are real.«
> > [Diese Diamanten sind echt.][6]
> »These are real diamonds.«
> > [Dies sind echte Diamanten.]

Dieses Wortpaar sieht grammatikalisch aus wie das nächste Paar:

> »These diamonds are pink«.
> > [Diese Diamanten sind rosa.]
> »These are pink diamonds.«
> > [Dies sind rosa Diamanten.]

Aber während wir von etwas sagen können »dies ist rosa« [this is pink], können wir nicht von etwas

5. (Anm. d. Übers.) Die folgenden Seiten ergeben in deutscher Übersetzung so gut wie keinen Sinn. Ich habe also dort, wo es unumgänglich war, den englischen Text beibehalten, und den deutschen nur zum Vergleich daneben gesetzt.
6. Vgl. dazu: »Diese Diamanten sind richtig.« »Dies sind richtige Diamanten.« (Anm. d. Übers.)

sagen, »dies ist wirklich« [this is real] und sonst
nichts. Und es ist nicht schwer einzusehen, warum.
Wir können ohne weiteres von etwas sagen, daß es
rosa sei, ohne zu wissen, was es ist, und ohne uns
darauf zu beziehen. Aber bei »real« geht das nicht.
Denn ein und dasselbe Ding mag ein richtiges x sein
und kein richtiges y [a real x and not a real y];
etwas, das wie eine Ente aussieht, kann ein richtiger
Entenköder sein (und nicht nur ein Spielzeug) und
doch keine richtige Ente. Und wenn es keine richtige
Ente ist, sondern eine Halluzination, so kann es eine
richtige Halluzination sein, im Gegensatz zu einer
vorübergehenden Einbildung einer lebhaften Phanta-
sie. Das heißt, wir müssen eine Antwort auf die Frage
haben »ein richtiges *was*?«, wenn die Frage »wirklich
oder nicht?« einen bestimmten Sinn haben oder einen
Ansatzpunkt finden soll. Und vielleicht sollten wir
hier noch etwas erwähnen: nämlich, daß die Frage
»wirklich oder nicht?« [real or not?] sich nicht immer
ergibt und nicht immer gestellt werden kann. Wir
stellen sie nur, wenn wir, grob gesprochen, von Zweifeln geplagt werden – wenn die Dinge irgendwie
nicht so sind, wie sie scheinen; und wir *können* diese
Frage nur dann stellen, wenn es eine Art und Weise
gibt – oder auch mehrere –, in der die Dinge nicht so
sind, wie sie erscheinen. Welche Alternative gibt es
z. B. zu einem richtigen Nach-Bild [after-image] auf
der Netzhaut?

»Real« [wirklich] ist natürlich nicht das einzige
Wort, das Substantiv-hungrig ist. Andere, vielleicht
geläufigere Beispiele sind »derselbe« und »ein«. Dieselbe *Mannschaft* muß nicht dieselbe *Gruppe von*

Spielern sein; eine Truppe kann eine *Kompanie* sein oder drei *Züge*. Und wie ist es mit »gut«? Hier gibt es verschiedene Lücken, die nach Substantiven schreien: »ein gutes *Was?*«, »gut *für* was?«, »gut *worin?*« – ein gutes Buch, vielleicht, aber kein guter Roman; (er ist) gut im Rosenstutzen, aber nicht im Auto-Reparieren.[7]

2. Zweitens ist »real« [wirklich] das, was man ein *Hosen-Wort*[8] nennen könnte. Man nimmt allgemein an (und ich glaube, meist zu Recht), daß das, was man den bejahenden Gebrauch eines Wortes nennen könnte, der grundlegende ist – daß man, um zu verstehen, was *x* ist, wissen muß, was *x*-sein bedeutet oder was es heißt, *x* zu sein, und daß wir daraus die Kenntnis ziehen, was es bedeutet, *nicht x* zu sein oder kein *x* zu sein.

Aber bei dem Wort »real« ist es der *negative* Gebrauch, der die Hosen anhat (wie wir früher schon kurz erwähnten). Das heißt, es ergibt sich ein bestimmter Sinn für die Behauptung, daß etwas »real« ist oder ein richtiges So-und-so erst im Licht der Art und Weise, in der es *nicht* wirklich, *nicht* real wäre oder gewesen sein könnte. »Eine richtige Ente« unterscheidet sich von »einer Ente« simpliciter nur dadurch, daß man die verschiedenen Möglichkeiten auszuschalten sucht, bei denen etwas *keine* richtige Ente sein

---

7. Im Griechischen ist das Wort »sophos« (σοφός) hier von einiger Bedeutung; Aristoteles scheint in Schwierigkeiten zu geraten, wenn er σοφία sozusagen »absolut« gebraucht, ohne den Bereich anzugeben, in dem σοφία angewandt wird und sich zeigt. Vgl. auch δεινότης.

8. Trouser-word: a word which wears the trousers (in this house) = ein Wort, das (in diesem Haus) die Hosen anhat.

kann, wie eine Attrappe, ein Spielzeug, ein Bild, ein
Entenfang usw.; und ich weiß darüber hinaus nicht
genau, wie ich die Aussage, daß etwas keine richtige Ente ist, verstehen soll, wenn ich nicht *genau*
weiß, was der Sprecher in diesem speziellen Fall ausschließen will. Dies ist natürlich der Grund, weshalb die Bemühung, eine gemeinsame Eigenschaft an
all den Dingen zu finden, die »wirklich« sind oder
die man so nennen könnte, zum Scheitern verurteilt
ist. Die Funktion von »wirklich« ist nicht die, einen
positiven Beitrag zur Charakterisierung irgendeines
Dinges zu liefern, sondern, die möglichen Beziehungen auszuschließen, in denen etwas *nicht* wirklich sein
kann – und diese Möglichkeiten sind sowohl sehr
zahlreich für bestimmte Dinge wie auch ganz verschieden für Dinge verschiedener Art. Es ist diese
Identität einer allgemeinen Funktion, verbunden mit
der enormen Vielfalt der spezifischen Anwendungen,
die dem Wort »wirklich« die auf den ersten Blick so
erstaunliche Eigenschaft verleiht, weder eine einzige
»Bedeutung« noch Zweideutigkeit, noch eine Reihe
verschiedener Bedeutungen zu haben.

3. Drittens ist »wirklich« (wie »gut«) ein *Dimensions-
Wort*. Ich meine damit, daß es das allgemeinste und
umfassendste Wort in einer ganzen Gruppe von Wörtern derselben Art ist, von Wörtern, die dieselbe
Funktion haben. Andere Mitglieder dieser Gruppe
sind, auf der positiven Seite, zum Beispiel: »eigentlich, echt, lebendig, wahr, authentisch, natürlich«;
und auf der negativen Seite: »künstlich, falsch, gefälscht, Schwindel, behelfsmäßig, Attrappe, Spielzeug,
synthetisch«; und auch solche Substantiva wie

»Traum, Illusion, Fata Morgana, Halluzination« gehören hierher.⁹ Es lohnt sich vielleicht, hier zu bemerken, daß – was ganz natürlich ist – die *weniger*
allgemeinen Ausdrücke auf der positiven Seite den
Vorteil haben, in vielen Fällen ziemlich genau anzu-
zeigen, was es ist, das man ausschließt; sie haben die
Tendenz, mit bestimmten negativen Ausdrücken je-
weils ein Paar zu bilden und sozusagen den Bereich
der Möglichkeiten einzuengen. Wenn ich sage, daß ich
wünschte, die Universität hätte ein richtiges Theater,
so läßt sich daraus schließen, daß sie augenblicklich
ein *behelfsmäßiges* Theater hat; Bilder sind echt im
Gegensatz zu *gefälscht*, Seide ist Naturseide im
Gegensatz zur *Kunstseide*, eine Bombe ist scharf im
Gegensatz zum *Blindgänger* usw. Praktisch erhalten
wir natürlich sehr oft den Hinweis darauf, was es ist,
das wir suchen, durch das gegebene Substantiv, da
wir oft schon vorher eine wohlbegründete Vorstellung davon haben, in welcher Hinsicht das erwähnte
Ding »nicht wirklich« sein könnte und in welcher
nicht. Zum Beispiel, wenn Sie mich fragen »ist das
echte Seide?«, werde ich stillschweigend »im Gegensatz zur Kunstseide« einsetzen, da ich schon weiß,
daß Seide etwas ist, das man mit künstlichen Produk-
ten täuschend nachahmen kann. Die Idee, daß es z. B.
*Spielzeug*seide sein könnte, würde mir nie kom-
men.¹⁰

9. Natürlich sind nicht alle Anwendungen all dieser Wörter
von der diskutierten Art; es wäre jedoch unklug, anzunehmen, daß ihre Anwendungen *völlig* verschieden, *völlig* ohne
Zusammenhang sind.
10. Warum nicht? Weil Seide kein »Spielzeug« sein kann. Ja,

Es erhebt sich hier eine große Anzahl von Fragen
– auf die ich nicht eingehen werde – über die Zu-
sammensetzung dieser Familien von »Wirklichkeits«-
Wörtern und »Unwirklichkeits«-Wörtern sowie über
die Unterschiede zwischen ihren Mitgliedern. Warum
z. B. ist ein *richtiges* Vorschneidemesser eine Art von
echtem Vorschneidemesser, während *reine* Sahne
nicht eine Art von *echter* Sahne zu sein scheint? Oder,
um es anders auszudrücken: in welcher Weise diffe-
riert die Unterscheidung zwischen richtiger Sahne
und synthetischer Sahne[11] von der Unterscheidung
zwischen reiner Sahne und verfälschter Sahne? Liegt
es daran, daß verfälschte [verdünnte] Sahne immer-
hin noch *Sahne* ist? Und warum nennen wir falsche
Zähne »falsch« statt »künstlich«?[12] Warum werden
künstliche Gliedmaßen so genannt *anstatt* »falsch«?
Liegt es daran, daß falsche Zähne, abgesehen davon,
daß sie dasselbe leisten wie richtige Zähne, diesen
täuschend ähnlich sehen und ähnlich sehen sollen?
Während ein künstliches Bein vielleicht dasselbe leisten soll wie ein richtiges, aber nicht *dafür gehalten*
wird oder werden soll.
Ein weiteres, in der Philosophie typisches Dimensions-

aber warum nicht? Liegt es daran, daß ein Spielzeug, streng
genommen, etwas ziemlich kleines ist und speziell dafür gemacht und dazu bestimmt, daß man damit spielt? Das Wasser
in Spielzeugbierflaschen ist nicht Spielzeugbier, sondern *vor-
getäuschtes* Bier. Könnte eine Spielzeuguhr tatsächlich ein
Uhrwerk haben und die richtige Zeit anzeigen? Oder wäre das
nur eine *Miniatur*-Uhr?
11. [Siehe: *Kunstspeiseeis*.]
12. »false teeth«, rather than »artificial«. [Im Deutschen sagen
wir zwar »falsche Zähne«, aber »künstliches Gebiß«.]

Wort, das ich schon in anderem Zusammenhang als
mit »wirklich« vergleichbar erwähnte, ist »gut«
[good]. »Gut« ist das allgemeinste einer sehr langen
und mannigfaltigen Liste von spezifischeren Wörtern,
die mit ihm die allgemeine Funktion gemeinsam
haben, ein Lob auszudrücken, sich aber untereinander
durch ihre Eignung und ihre Folgerungen für bestimmte Zusammenhänge unterscheiden. Es ist interessant – und die Philosophen des Idealismus haben
zeitweise viel damit hergemacht –, daß das Wort
»real« [wirklich] in manchen Fällen selbst zu dieser
Familie gehört. »Dies ist aber ein wirkliches Vorschneidemesser!« mag eine Ausdrucksweise sein, um
zu sagen, daß dies ein gutes Messer ist.[13] Und man
sagt z. B. manchmal von einem schlechten Gedicht,
daß es gar kein richtiges Gedicht sei; es muß sozusagen einen gewissen Standard erreichen, damit es
überhaupt *zugelassen* wird.

4. Und schließlich gehört »wirklich« der großen und
wichtigen Familie der sogenannten *Anpassungs-Wörter* [adjuster-words] an; das sind Wörter, durch
deren Gebrauch andere Wörter den zahllosen und
unvorhersehbaren Ansprüchen der Welt an die Sprache *angepaßt* werden. Die Lage – stark vereinfacht
gesagt – ist die, daß zu einer gegebenen Zeit unsere
Sprache Wörter enthält, die es uns ermöglichen,
(mehr oder weniger) das zu sagen, was wir in den
meisten der Situationen sagen wollen, die, wie wir
annehmen, vorkommen werden. Aber das Vokabular

13. In der Umgangssprache gilt auch manchmal das umge-
kehrte: »Ich gab ihm eine gute Tracht Prügel« – »richtige
Prügel« – »ordentliche Prügel«.

ist endlich: und die Verschiedenheit von möglichen
Situationen, denen wir begegnen können, ist weder
endlich noch genau vorherzusehen. Also muß es fast
so sein, daß manchmal Situationen auftauchen, mit
denen unser Wortschatz noch nicht in sauberer, ge-
rader Weise fertig werden kann. Wir haben z. B. das
Wort »Schwein« und auch eine ziemlich klare Vorstellung davon, welche von den Tieren, die uns häu-
figer begegnen, so genannt werden und welche nicht.
Aber eines Tages begegnen wir einem Tier einer neuen
Gattung, das dem Schwein sehr ähnlich sieht und sich
auch ähnlich verhält, aber doch nicht *ganz* so ist wie
ein Schwein; es ist irgendwie anders. Nun, wir könnten einfach schweigen, da wir nicht wissen, was wir
dazu sagen sollen. Wir wollen nicht behaupten, es *sei*
ein Schwein, und auch nicht, daß es *keines* sei. Oder
aber, wir könnten ein neues Wort für es erfinden –
besonders, wenn wir erwarten, daß wir öfter von ihm
sprechen müssen. Aber, was wir auch tun könnten
und wahrscheinlich zuerst tun würden, ist, zu sagen:
»Es ist *wie* ein Schwein.« (»Wie« oder »so ... wie«
ist *das* große Anpassungs-Wort; oder – anders gesagt – die wichtigste Vorrichtung zur Flexibilität der
Sprache, mit deren Hilfe wir trotz der Begrenzung
unseres Vokabulars immer vermeiden können, ganz
sprach-los zu sein.) Und dann, nachdem wir von diesem Tier gesagt haben, daß es *wie* ein Schwein ist,
können wir fortfahren: »aber es ist kein *richtiges*
Schwein« [real pig], oder spezieller und mit dem von
Naturforschern bevorzugten Ausdruck: »es ist kein
wahres Schwein« [*true* pig]. Wenn wir uns Wörter
als auf die Welt abgeschossene Pfeile vorstellen, dann

ist die Funktion dieser Anpassungs-Wörter die, uns
von der mangelhaften Fähigkeit zu befreien, die darin besteht, daß wir nur geradeaus schießen können;
mit ihrer Hilfe können bei Gelegenheit solche Worte
wie »Schwein« sozusagen in Verbindung mit Zielen
gebracht werden, die etwas abseits der geraden
Schußlinie liegen, auf der man sonst abfeuert. Und
auf diese Weise gewinnen wir nicht nur Flexibilität,
sondern auch Genauigkeit; denn wenn ich sagen
kann, »kein richtiges Schwein, aber wie ein Schwein«,
so brauche ich die Bedeutung von »Schwein« nicht zu
verändern.

Aber man könnte fragen: brauchen wir wirklich das
Wort »wie« zu diesem Zweck? Es gibt schließlich
andere Möglichkeiten, die Sprache flexibel zu gestalten. Ich könnte z. B. von dieser neuen Gattung sagen,
sie sei »schweinsartig« [piggish], oder ich könnte sie
»quasi-Schwein« nennen oder sie als Kreaturen von
»Schweineart« [pig-type] beschreiben (im Stile der
Verkäufer seltsamer Weine). Aber diese Einrichtun-
gen, sicher auf ihre Art ausgezeichnet, können nicht
als Ersatz für »wie« gelten, und zwar aus folgendem
Grund: sie geben uns nur neue Ausdrücke auf derselben Stufe wie das Wort »Schwein« selbst, da sie
auf dieselbe Weise wirken; und deshalb – obwohl sie
uns vielleicht aus unseren unmittelbaren Schwierigkeiten heraushelfen – bringen sie uns jederzeit in dieselbe *Art* von Schwierigkeit. Zum Beispiel haben wir
da diese Weinsorte, nicht richtiger Port, aber eine
gute Annäherung an Portwein, und wir nennen ihn
eine »Portwein-Art« [port type]. Aber dann stellt
jemand eine neue Weinsorte her, nicht Port, aber auch

nicht genau die, die wir jetzt »Portwein-Art« nennen.
Was sollen wir jetzt sagen? Sollen wir sie »eine Weinsorte nach Portwein-Art« nennen? Das wäre doch
umständlich und hätte außerdem bestimmt keine Aus-
sicht auf Erfolg. So aber können wir sagen, sie ist
wie eine Portwein-Art (und schließlich auch wie
Portwein); und indem wir das sagen, belasten wir uns
nicht noch mit einem *neuen Wort*, dessen Anwendung
schwierig wird, wenn die Weinhersteller eine weitere
Überraschung für uns bereithalten. Das Wörtchen
»wie« ermöglicht es uns ganz *im allgemeinen*, mit dem
Unvorhergesehenen fertig zu werden, und das auf
eine Weise, wie neue Wörter, die *ad hoc* erfunden
wurden, es weder tun noch tun könnten.
(Warum brauchen wir dann noch »wirklich« als Anpassungs-Wort neben »wie«? Warum genau wollen
wir manchmal sagen »es ist wie ein Schwein« und
manchmal »es ist kein wirkliches (richtiges) Schwein«?
Eine richtige Beantwortung dieser Frage würde uns
ein gut Teil Klarheit über den Gebrauch und die
»Bedeutung« von »real« [wirklich] verschaffen.)[14]
Es sollte also deutlich geworden sein, daß man keine
allgemeinen Kriterien angeben kann, denen zufolge
man das Reale (Wirkliche) von dem Nicht-Wirklichen unterscheiden kann. Ob man dies überhaupt
tun kann, hängt davon ab, *was* es ist, das im einzel-

---

14. Übrigens ist gar nichts damit gewonnen, zu sagen, daß
»wirklich« ein *normatives* Wort ist und es dabei zu belassen,
denn »normativ« ist selbst viel zu allgemein und vage. Wie, auf
welche Weise, ist denn »wirklich« normativ? Doch nicht auf
dieselbe Weise wie »gut«. Und es sind diese Unterschiede, auf
die es ankommt.

nen Fall das Problem hervorruft. Und für bestimmte
Dinge mag es sogar viele verschiedene Mittel geben,
die Unterscheidung zu treffen (es gibt nicht nur *eine*
Art und Weise, »kein richtiges Schwein« zu sein): es
hängt dies von der Anzahl und Verschiedenheit der
Überraschungen und Schwierigkeiten ab, die die Natur und unsere Mitmenschen uns bereiten mögen, sowie von den Überraschungen und Schwierigkeiten,
die wir bisher erlebt haben. Und wenn es nie ein
Dilemma oder eine Überraschung gibt, dann stellt
sich die Frage gar nicht; wenn wir nie Gelegenheit
hatten, etwas, das wie ein Schwein aussah, aber kein
richtiges Schwein war, von diesem zu unterscheiden,
dann hätten die Worte »richtiges Schwein« gar keine
Anwendung – wie vielleicht die Wörter »richtiges
after-image« keine Anwendung haben.
Die Kriterien, die wir bei einer bestimmten Gelegenheit anwenden, können auch nicht für endgültig, für
unveränderlich gehalten werden. Nehmen wir an,
eines Tages beginnt eine Kreatur, die wir bisher als
»Katze« bezeichnet haben, zu reden. Nun, am Anfang werden wir sagen: »Diese Katze kann reden.«
Aber dann fangen andere Katzen auch an zu reden –
aber nicht alle; jetzt müssen wir sagen, daß manche
Katzen sprechen können, wir unterscheiden zwischen
sprechenden und nicht-sprechenden Katzen. Aber wir
könnten auch, wenn das Sprechen überhand nimmt
und die Unterscheidung zwischen sprechenden und
nichtsprechenden Katzen uns wirklich wichtig ist,
darauf bestehen, daß eine *richtige* Katze [a *real* cat]
ein Tier ist, das sprechen kann. Und dies gibt uns
dann den neuen Fall einer »nicht richtigen Katze«,

das ist eine Kreatur, die sonst genau wie eine Katze ist, nur daß sie nicht sprechen kann.

Natürlich – und dies scheint kaum wert, gesagt zu werden, aber in der Philosophie sollte man es vielleicht doch sagen – machen wir den Unterschied zwischen »einem wirklichen [echten, richtigen] *x*« und einem »nicht-wirklichen *x*« nur dann, wenn man sagen kann, worin der Unterschied zwischen einem richtigen *x* und unrichtigen *x* besteht. Eine Unterscheidung, die man faktisch nicht treffen kann, ist – um es höflich zu sagen – nicht wert, getroffen zu werden.

VIII

Kehren wir nun zu Ayer zurück. Wir haben schon gegen seine offenbare Meinung protestiert, daß »wirklich« [real] ein Wort ist, das jeder gebrauchen kann, wie er will – daß, während einige z. B. sagen, die wirkliche Form eines Gebäudes bliebe dieselbe, wenn man es von verschiedenen Standorten betrachtet, man durchaus »vorziehen könnte zu sagen«, die wirkliche Form würde sich dauernd ändern. Aber ich möchte jetzt den letzten Abschnitt seines Buches besprechen, der »Erscheinung und Wirklichkeit«[1] betitelt ist und in dem er es unternimmt, eine Darstellung der Unterscheidung zu geben, wie wir sie gewöhnlich machen. Er hält dies – so nehme ich an – für eine Beschreibung unserer »Präferenzen«.

Ayer beginnt mit einer Unterscheidung zwischen »Wahrnehmungen«, die »qualitativ trügerisch« [qualitatively delusive], und solchen, die »existentiell trügerisch« [existentially delusive] sind. Im ersteren Fall – heißt es – finden wir, daß »Sinnesdaten die materiellen Dinge mit Eigenschaften ausstatten, die diese nicht wirklich besitzen«, und im zweiten Fall, daß »die materiellen Dinge, die sie (die Wahrnehmungen) vorzustellen scheinen, gar nicht existieren«. Diese Unterscheidung ist jedoch zumindest unklar. Der Ausdruck »existentiell trügerisch« erinnert natürlich an die Fälle, in denen man tatsächlich getäuscht wird – wo man z. B. glaubt, eine Oase zu sehen, während

---

1. »Appearance and Reality«, Ayer, a. a. O., S. 263–274.

»gar keine existiert«; und es sind diese Fälle, die
Ayer offenbar im Sinn hat. Der Ausdruck »qualitativ
trügerisch« andererseits soll für die Fälle gelten, in
denen ein Gegenstand zwar ohne Zweifel vor uns
steht, eine seiner »Eigenschaften« aber zweifelhaft ist:
er sieht z. B. blau aus – ist er aber *wirklich* blau? Es
scheint nun angedeutet zu werden, daß diese beiden
Fälle den Bereich der Möglichkeiten erschöpfen. Tun
sie das aber? Nehmen wir an, ich sehe einen Entenköder und halte ihn für eine richtige Ente; in welcher
von Ayers Hinsichten ist meine »Wahrnehmung« trügerisch? Nun, das ist einfach nicht klar. Sie könnte
»qualitativ« trügerisch sein, so daß sie den materiellen
Gegenstand mit »Eigenschaften ausstattet, die er
nicht wirklich besitzt«; zum Beispiel könnte ich
fälschlicherweise annehmen, daß das Objekt, das ich
sehe, quaken kann. Aber man könnte auch sagen, sie
sei »existentiell trügerisch«, da das materielle Ding,
das sie vorzustellen scheint, nicht existiert: ich glaube,
eine richtige Ente vor mir zu sehen, aber es ist gar
keine da! Ayers ursprüngliche Unterscheidung stellt
uns also vor falsche Alternativen; sie weist darauf
hin, daß wir nur zwei Fälle vor uns haben, wobei
sich in einem davon nur die Frage stellt, ob das Ding,
das wir sehen, wirklich die »Eigenschaft« hat, die es
zu haben scheint, und im anderen die einzige Frage
die ist, ob das Ding, das wir sehen, wirklich existiert.
Aber im Fall des Entenköders fällt diese Alternative
sofort in sich zusammen; und es gibt viele ähnliche
Fälle. Es scheint, als hätte Ayer bei dem Versuch, seine
erste Unterscheidung zu treffen, sich an dem wirklich
»trügerischen« Fall festgefahren, in dem man glaubt,

etwas zu sehen, während *gar nichts* da ist, und den
viel häufigeren Fall einfach übersehen, in dem man
glaubt, etwas zu sehen, wo *etwas anderes* in Wirklichkeit existiert. Als Folge davon ist ein großer, vielleicht der größte Teil des Bereiches, in dem wir den
Unterschied zwischen »Erscheinung und Realität«
machen, von seiner Diskussion ganz ausgeschlossen.
Er behandelt (sehr kurz) den Fall, in dem etwas für
existent gehalten wird oder gehalten werden könnte,
während es in Wirklichkeit gar nicht existiert; er behandelt schon gründlicher den Fall, in dem etwas
eine Eigenschaft zu haben scheint oder haben könnte,
die es nicht wirklich hat; aber er erwähnt einfach
gar nicht die sehr zahlreichen und sehr verschiedenen
Fälle, in denen ein Ding für etwas gehalten wird
oder werden könnte, was es in Wirklichkeit nicht *ist*
– wie z. B. Glas für echte Diamanten gehalten werden könnte. Die Unterscheidung zwischen »qualitativen« und »existentiellen« Täuschungen kann in diesem Fall gar nicht getroffen werden – aber das ist es
ja gerade, was an der Unterscheidung nicht stimmt.
Sie teilt den Bereich in einer Weise auf, die viel von
ihm einfach ausläßt.[2]
Ayer hat sich jedoch die Aufgabe gestellt, »eine Erklärung über den Gebrauch des Wortes ›wirklich‹ zu
geben, wie es auf die Merkmale von materiellen Din-

---

2. Man könnte hinzufügen, daß ein großer Teil von Ayer absichtlich deshalb ausgeschlossen ist, weil er die Diskussion auf
Fragen über »materielle Dinge« beschränkt – es sei denn, er
klassifiziert unter »materielle *Dinge*« auch solche *Stoffe* wie
Seide, Glas, Gold, Sahne usw., was ich bezweifle. Und könnte
ich nicht fragen: »Ist das ein richtiger Regenbogen?«

gen angewandt wird«. Die Unterscheidung zwischen
»wahrhaftig« und »trügerisch«, sagt er, »hängt nicht
ab von dem Unterschied in den essentiellen Eigenschaften der Sinnesdaten«, da ein elliptisches Sinnesdatum schließlich etwas wirklich Elliptisches ebenso-
gut »darstellen« [present] könnte wie etwas Rundes;
also muß der Unterschied »auf einer Verschiedenheit
ihrer Relationen beruhen«, nämlich ihrer Relationen
zu anderen Sinnesdaten.

Man könnte versuchen, sagt Ayer, ein Sinnesdatum
als »einen Träger des wirklichen Charakters des rele-
vanten materiellen Dinges« zu identifizieren, indem
man sagt, daß so ein Sinnesdatum das ist, was sich
unter Vorzugsbedingungen (oder was man üblicher-
weise so nennt) ereignet. Er erhebt jedoch Einwände
dagegen aus zwei Gründen: erstens »weil diese Vorzugsbedingungen nicht dieselben für jede Art von
materiellem Ding sind«;[3] und zweitens, weil es sicher
notwendig ist, zu erklären, *warum* gewisse Bedingungen als »bevorzugt« ausgezeichnet werden. Diese Erklärung wird nun von Ayer gegeben und ausgeführt.
»Die bevorzugten Sinnesdaten«, sagt er, d. h. die,
welche die »wahren Eigenschaften« der materiellen
Dinge darstellen, »erweisen sich als die zuverlässigsten
Mitglieder der Gruppen, zu denen sie gehören, in dem
Sinn, daß sie die beste Basis für Voraussagen liefern.«
Er fügt später als weitere vorteilhafte Eigenschaften
das an, was er »sinnliche Beständigkeit« nennt sowie
Meßbarkeit; aber auch hier ist es eigentlich der *Vor-
hersagewert* [predictive value], welcher die Zuord-

---

3. Es ist interessant, daß Ayer dies für einen Einwand hält.

nung zur Wirklichkeit bestimmt. Zum Beispiel: wenn ich einem Objekt *sehr* nahe bin oder *sehr* weit von ihm entfernt, bin ich in einer schlechten Lage vorherzusagen, »wie es aussehen wird« von anderen Standorten aus gesehen; während, wenn ich es aus mittlerer Entfernung betrachte, ich durchaus sagen kann, »wie es aussehen wird«, wenn ich näher dran bin oder weiter weg. (Es ist nicht ganz klar, welche Merkmale des Objekts hier zur Diskussion stehen, aber es scheint sich um die Form oder Gestalt zu handeln.) Also sagen wir – so behauptet das Argument –, daß die »wirkliche Form« diejenige ist, die die Dinge aus mittlerer Entfernung zu haben scheinen. Wenn ich wiederum ein Objekt durch eine dunkle Brille betrachte, mag es schwierig sein zu sagen, welche Farbe es haben wird, wenn ich die Brille abnehme; daher sagen wir, daß es durch eine dunkle Brille gesehen nicht seine »wirkliche Farbe« aufzeigt.

Aber dies genügt nicht als *allgemeine* Erklärung, selbst für den kleinen Teil der Anwendung von »wirklich«, den Ayer diskutieren will. (Der wichtige Punkt hier ist der, daß es tatsächlich keine allgemeine Erklärung gibt und Ayer einem Phantom nachjagt, um eine zu finden.) Denn betrachten Sie einige Fragen über »wirkliche« Farbe. Hierbei gibt es *viele* Fälle, die Ayer, der Verallgemeinerungen auf der Basis von nur einem Beispiel anstellt, nicht beachtet. Einige davon haben wir bereits erwähnt. Z. B., »dies ist nicht die wirkliche Farbe ihres Haares«.[4] Warum nicht? Weil die Farbe, die ihr Haar jetzt zu haben

---

4. (Anm. d. Übers.) »Dies ist nicht ihre *echte* Haarfarbe« wäre besseres Deutsch.

scheint, eine unzuverlässige Grundlage für Voraussagen ist? Oder weil die Haarfarbe, die wir jetzt
sehen, nicht »am augenfälligsten unterschieden ist«
von den anderen Bestandteilen meines Gesichtsfeldes?
Nein. Dies ist nicht die wirkliche Farbe ihres Haares,
weil sie es *gefärbt* hat! Oder nehmen wir an, ich habe
ein Exemplar einer Blume, die sonst weiß ist, in einer
geeigneten grünen Flüssigkeit gezogen, so daß ihre
Blütenblätter jetzt eine leichte Schattierung von Grün
zeigen. Ich sage: »Das ist natürlich nicht ihre wirkliche Farbe.« Warum sage ich das? Ich kann doch alle
üblichen Voraussagen über das Aussehen meines
Exemplars unter verschiedenen Bedingungen machen.
Aber mein Grund dafür, zu sagen, daß blaßgrün
nicht seine wirkliche Farbe ist, hat mit all dem gar
nichts zu tun; er ist vielmehr der, daß die *natürliche*
Farbe der Blume weiß ist. Und es gibt auch einige
Fälle, in denen gar kein künstlicher Eingriff stattfin-
det und die direkt das Gegenteil von Ayers Theorie
aufzeigen: Wenn ich ein Stück Stoff ganz aus der
Nähe betrachte, sehe ich es vielleicht als ein kreuz-
artiges Muster von Schwarz und Weiß und kann daher voraussagen, daß es von anderen Standorten gesehen grau aussehen wird; wenn ich es jedoch aus
einigen Metern Entfernung ansehe, mag es grau aussehen und ich werde *nicht* in der Lage sein voraus-
zusagen, daß es aus der Nähe schwarz-weiß aussieht;
aber wir sagen trotzdem: seine Farbe ist grau. Und
wie ist es mit dem *Geschmack*? Wenn jemand, der das
Weintrinken nicht gewöhnt ist, von dem Wein, den
ich ihm angeboten habe, sagt, daß er sauer schmecke,
so werde ich ihm vielleicht widersprechen: »Er ist

nicht wirklich sauer« – und damit nicht meinen, daß
die Ansicht, daß er sauer ist, eine recht schmale Basis
für Vorhersagen ergibt, sondern daß er, wenn er den
Wein mit etwas mehr Verständnis probiert, einsehen
wird, daß er gar nicht wie saure Dinge sonst schmeckt
und daß seine erste Reaktion zwar verständlich, aber
nicht adäquat war.

Was jedoch, wie ich schon sagte, im Prinzip falsch ist
an Ayers Darstellung des Gebrauchs von »real«, ist
eben, daß er versucht, nur *eine* Erklärung zu geben
– oder nur zwei, wenn wir seine oberflächlichen Bemerkungen über das »existentiell Täuschende« mit-
rechnen. Im Grunde ist das, was er sagt, nicht einmal
in bezug auf »wirkliche Farben« wahr; und es hilft
uns gewiß nicht bei richtigen [echten] Perlen, wirklichen Enten, echter Sahne, richtigen Uhren, wirklichen Romanen und all dem – bei all den Anwendungen von »wirklich« [oder »richtig«], die Ayer
total übersieht. Warum es ein Fehler ist, nach einer
einzigen, ganz allgemeinen Darstellung über den Gebrauch des Wortes »wirklich« zu suchen, habe ich
hoffentlich bereits klarmachen können und will es
jetzt nicht wiederholen. Ich möchte jedoch betonen,
wie gefährlich es immer ist, zu versuchen, den Gebrauch eines Wortes zu erklären, ohne mehr als einen
winzigen Teil des Zusammenhanges zu betrachten, in
dem es tatsächlich benutzt wird. In diesem Fall wie
auch in anderen scheint Ayer zu dem fatalen Unternehmen ermutigt worden zu sein durch eine ursprüngliche Neigung, zu glauben, daß das Gebiet vollständig
und sauber in zwei Teile geteilt werden kann.

IX

Diese lange Untersuchung über das Wesen der Realität (oder Wirklichkeit) ergab sich – wie Sie sich wohl erinnern – aus dem Abschnitt, in dem Ayer das Argument von der Illusion »auswertet« und zu dem Schluß kommt, daß das daraus entspringende Problem kein faktisches, sondern ein linguistisches ist. Ich habe schon früher gesagt, daß seine Art und Weise, zu diesem Schluß zu kommen, zeigt, daß er nicht an ihn glaubt; denn dieser beruht auf der Theorie, daß wirkliche »empirische Tatsachen« *tatsächlich* immer »sinnliche Erscheinungen« sind und daß Bemerkungen, die offensichtlich den »materiellen Dingen« gelten, diesen Tatsachen *gegenübergestellt* werden als nur eine Redeweise: »die Tatsachen, auf die sich diese Ausdrücke beziehen sollen«, betreffen »Phänomene«, die einzigen wirklichen Tatsachen, die es gibt. Aber wie dies auch sein mag: der offizielle Lagebericht ist in diesem Moment der, daß wir mit einer linguistischen Frage konfrontiert werden: sollen wir *sagen*, daß die Gegenstände, die wir direkt sehen, Sinnesdaten sind? Und daß das Argument von der Illusion uns keinen zwingenden Grund gegeben hat, dies zu sagen? Also gibt Ayer als nächstes selbst die Gründe an, weshalb wir dies sagen sollen; und diesen Abschnitt,[1] den er »Die Einführung von Sinnesdaten« nennt, müssen wir als nächstes untersuchen.

Es ist durchaus wahr, sagt Ayer, »wenn wir uns darauf beschränken, Worte auf solche Weise zu gebrau-

1. Ayer, a. a. O., S. 19–28.

chen, daß, wenn man von einem Gegenstand sagt, er
sei gesehen oder berührt oder sonstwie wahrgenommen worden, daraus folgt, daß er wirklich existiert
und daß etwas wirklich den Charakter hat, den der
Gegenstand zu haben scheint – daß wir dann bestreiten müssen, daß es trügerische [delusive] Wahrnehmungen gibt, oder aber zugeben müssen, daß es ein
Fehler ist, so zu reden, als ob die wahrgenommenen
Gegenstände immer materielle Dinge wären.« Aber
tatsächlich müssen wir die Worte gar nicht auf diese
Weise gebrauchen. »Wenn ich sage, daß ich einen
Stock sehe, der gekrümmt aussieht, so sage ich damit
nicht, daß irgend etwas tatsächlich gekrümmt ist; ...
oder wenn ich, unter der Illusion eines Doppelbildes
[double-vision], sage, daß ich zwei Blatt Papier sehe,
so brauche ich nicht daraus zu schließen, daß dort
wirklich zwei Blatt Papier sind. Aber – so könnte
eingewendet werden –, wenn die zwei Blatt Papier
wirklich wahrgenommen werden, müssen sie beide in
irgendeinem Sinne existieren, wenn auch nicht als materielle Dinge. Die Antwort auf diesen Einwand ist
die, daß er auf einem Mißverständnis des Wortes
›wahrnehmen‹ [perceive] beruht. Ich gebrauche dieses
Wort hier in der Weise, daß, wenn ich von einem
Gegenstand sage, er werde wahrgenommen, daraus
nicht folgt, daß er in irgendeinem Sinne existiert.
Und dies ist ein absolut korrekter und üblicher Gebrauch des Wortes.«
Aber, so fährt Ayer fort, »es gibt auch einen korrekten und üblichen Gebrauch des Wortes ›wahrnehmen‹,
so daß, wenn jemand von einem Gegenstand sagt, er
sei wahrgenommen, es doch bedeutet, daß er exi-

stiert.« Und wenn ich das Wort in meinem Falle vom
doppelten Sehen »in diesem Sinne« gebrauche, so muß
ich sagen: »Ich dachte, ich sähe zwei Blatt Papier,
aber ich sah in Wirklichkeit nur eines. Wenn das Wort
in dem einen der üblichen Sinne gebraucht wird, so kann
man sagen, daß ich wirklich zwei Blatt Papier gesehen hatte. Wenn es in dem anderen Sinn gebraucht
wurde, der auch durch Konvention gerechtfertigt ist,
dann muß man sagen, daß ich nur eines sah.« »Solange man die beiden Gebrauchsformen auseinander-
hält, entsteht kein Problem.«[2]

In ähnlicher Weise mag ein Mann sagen, »daß er
einen entfernten Stern sieht, dessen Umfang größer
ist als der der Erde.« Er kann aber auch sagen, daß
er »tatsächlich einen silbernen Fleck sieht, der nicht
größer ist als ein Sixpence«. Und diese Bemerkungen,
sagt Ayer, widersprechen sich nicht. Denn in *einem
Sinn* von »sehen« »ist es nötig, daß das, was gesehen
wird, auch wirklich existiert, aber nicht notwendig,
daß es die Eigenschaften hat, die es zu haben scheint«
– in *diesem* Sinne sieht der Mann einen sehr großen
Stern; aber in einem anderen Sinn »ist es nicht möglich, daß etwas die Eigenschaften zu haben scheint,
die es nicht wirklich hat, aber auch nicht notwendig,
daß das, was man sieht, wirklich existiert« – in *diesem* Sinn »kann der Mann wahrhaftig sagen, daß das,
was er sieht, nicht größer ist als ein Sixpence«.

---

2. Price meint auch, daß »wahrnehmen« *doppelsinnig* ist. Vgl.
Perception, S. 23. »Es ist möglich, das wahrzunehmen, was
nicht existiert ... Aber in einem anderen Sinn von »wahrnehmen«, und zwar in einem, der der gewöhnlichen Sprache näher
liegt, ist es nicht möglich wahrzunehmen, was nicht existiert.«

Wie steht es nun aber um die Sinnesdaten? Sie werden
jetzt folgendermaßen eingeführt. Manche Philosophen, sagt Ayer, mögen beschließen, *sowohl* »das
Wort ›sehen‹ oder andere Wörter, die gewisse Arten
der Wahrnehmung bezeichnen, auf trügerische sowie
auf wahre Erfahrungen anzuwenden« *als auch* diese
Wörter (auf schlecht beratene Weise, wie man meinen
möchte) »solcherart zu gebrauchen, daß das, was man
sieht oder sonstwie sinnlich wahrnimmt, tatsächlich
existieren muß und wirklich die Eigenschaften haben
muß, die es zu haben scheint«. Aber dann merken sie
natürlich, daß sie nicht sagen können, daß das, »was
man wahrnimmt«, immer ein materieller Gegenstand
ist; denn in »trügerischen« Situationen »existiert« entweder der Gegenstand »gar nicht wirklich« oder er
hat nicht »wirklich die Eigenschaften, die er zu haben
scheint.« Und dann, so scheint es – statt daß sie Zweifel hätten an ihrem Gebrauch des Wortes »sehen« –,
beschließen sie zu sagen, daß, »was in Täuschungs-
Situationen wahrgenommen wird«, ein *Sinnesdatum*
ist. Danach finden sie es »bequem«, so sagt Ayer,
»diesen Gebrauch auf alle Fälle auszudehnen«, aus
dem alten, wohlbekannten Grund, daß »trügerische
und echte Wahrnehmungen« sich in der »Qualität«
nicht unterscheiden. Dies, sagt Ayer, »kann man vernünftigerweise als eine Sprachregel annehmen. Und
so kommt man zu dem Schluß, daß in allen Fällen
von Wahrnehmung die Dinge, die man direkt wahrnimmt, Sinnesdaten sind und keine materiellen Gegenstände«. Dieses Verfahren, sagt Ayer, enthält »keine
tatsächliche Entdeckung«; es stellt nur eine Empfehlung »eines neuen Wortgebrauchs« dar. Und er ist

seinerseits geneigt, diese Empfehlung anzunehmen. »Es fügt unserer Kenntnis der empirischen Tatsachen nichts hinzu und ermöglicht es uns auch nicht, etwas auszudrücken, was wir sonst nicht ausdrücken könnten. Bestenfalls ermöglicht es uns nur, geläufige Tatsachen *auf einfachere und klarere Weise zu bezeichnen.*« (Meine Hervorhebung.)

Nun ist ein wichtiger oder jedenfalls augenfälliger Teil der Beweisführung, die zu diesem Schluß führt, die Behauptung, daß es *verschiedene Bedeutungen* von »wahrnehmen« und anderen, die verschiedenen Arten von Wahrnehmung bezeichnenden Verben gibt, die alle (oder sind es nur *einige?*) »korrekt und wohlbekannt sind«.[3] Was genau diese Behauptung mit dem Argument zu tun hat, werden wir später behandeln; zuerst einmal möchte ich die Gründe untersuchen, auf denen sie beruht, und fragen, ob sie gerechtfertigt ist.

Lassen Sie uns also die Beispiele betrachten, in denen diese verschiedenen Bedeutungen angeblich demonstriert werden. Zuerst einmal den alten wohlbekannten Fall vom Stock im Wasser. Ayer sagt: »Wenn ich sage, daß ich einen Stab sehe, der krumm aussieht, so sage ich damit nicht, daß irgend etwas wirklich

3. Der Gerechtigkeit halber sollte ich hier doch wiederholen, daß viel Zeit vergangen ist, seit Ayer sein Buch geschrieben hat. Theorien über die angeblich verschiedenen Bedeutungen der Verben der Wahrnehmung waren sehr verbreitet in den 10 oder 20 Jahren, bevor er es schrieb, und es darf nicht überraschen, daß er sie als Teil des Bestandes mit übernommen hat. Zweifellos würde er heute diese Ansicht nicht genauso verfechten.

krumm ist.« Nun, dies ist durchaus wahr. Aber was
beweist es? Es *soll* offensichtlich zeigen, daß es *einen
Sinn* von »sehen« gibt, demzufolge »etwas sehen«
nicht bedeutet, »daß dieses Etwas existiert und wirklich den Charakter hat, den es zu haben scheint«.
Aber das Beispiel zeigt dies durchaus nicht. Es *zeigt*
lediglich, daß die vollständige Aussage »ich sehe einen
Stab, der krumm aussieht« nicht bedeutet, daß etwas
wirklich krumm ist. Daß dies auf Grund der Art und
Weise, in der »sehen« hier gebraucht wird, so ist, ist
ein weiterer Schritt, für den keine Rechtfertigung angeboten wird. Und wenn man es weiter bedenkt, so
ist dieser Schritt in der Tat nicht nur ungerechtfer-
tigt, sondern ziemlich sicher falsch. Denn wenn man
sich einen *Teil* der Aussage aussuchen sollte, auf
Grund dessen es *nicht* folgt, daß etwas wirklich
krumm ist, so wäre der Ausdruck »der krumm aussieht« am ehesten zu wählen. Denn welche Ansichten
auch immer wir über die Bedeutungen von »sehen«
haben mögen, so wissen wir doch alle, daß, was
krumm aussieht, nicht wirklich krumm *sein* muß.
Das zweite Beispiel ist auf ähnliche Weise unwirksam
und trifft nicht ins Schwarze. Ayer schreibt: »Wenn
ich sage, daß jemand einen Druck an seinem Bein
verspürt, so schließe ich nicht unbedingt die Möglichkeit aus, daß sein Bein amputiert worden ist.« Aber
warum sollte man dies wiederum unter Berufung auf
eine Bedeutung von »fühlen« erklären? Warum nicht
statt dessen sagen, daß z. B. der Ausdruck »Druck am
Bein« manchmal gebraucht wird, um zu beschreiben,
was jemand fühlt, selbst wenn sein Bein amputiert ist?
Es erscheint mir sehr zweifelhaft, ob wir sagen soll-

ten, daß hier eine besondere *Bedeutung* der Worte
»Druck an seinem Bein« gebraucht wird; jedenfalls
hätten wir zumindest ebenso viel Grund zu sagen, daß
es sich hier um einen speziellen Sinn von »fühlen«
handelt – in der Tat hätten wir mehr Grund dazu.

Das dritte Beispiel, das doppelte Sehen betreffend, ist
nicht so leicht zu behandeln. Hierzu stellt Ayer fest:
»Wenn ich sage, daß ich zwei Blatt Papier sehe, so
braucht nicht daraus zu folgen, daß da tatsächlich
zwei Blatt Papier vorhanden sind.« Dies ist, glaube
ich, nur mit Einschränkungen richtig. Es ist wohl
richtig, daß, wenn ich weiß, daß ich an Doppelt-
Sehen leide, ich sagen kann, »ich nehme zwei Blatt
Papier wahr«, *ohne* dabei zu *behaupten*, daß dort
wirklich zwei Blätter Papier liegen; aber ich glaube
doch, daß meine Aussage bedeuten soll, daß jeder,
der die besonderen Umstände des Falles nicht kennt,
natürlich und berechtigterweise aus meiner Aussage
entnehmen muß, daß ich glaube, dort existieren zwei
Blatt Papier. Wir könnten jedoch zugeben, daß, wenn
ich sage »ich nehme zwei Blatt Papier wahr«, ich
nicht *meine*, daß dort wirklich zwei Blatt Papier vor
mir liegen, weil ich es besser weiß. So weit, so gut.
Aber im nächsten Satz ändert Ayer die Form seiner
Worte: »Wenn zwei Blatt Papier *wirklich wahrgenommen werden*«, sagt er, braucht es nicht wahr zu
sein, daß sie existieren. Und dies ist doch gewiß ganz
einfach falsch! Daß »zwei Blatt Papier *wirklich
wahrgenommen werden*«, ist doch wohl gerade das,
was wir im Fall von Doppelt-Sehen *nicht* sagen würden – eben aus dem Grund, daß zwei da sein müssen,
wenn zwei »wirklich wahrgenommen werden«.

Aber, so könnte man einwenden, haben wir nicht
schon genug zugegeben, um den wichtigsten Punkt zu
rechtfertigen, um den es Ayer hier geht? Denn, was
auch immer der Fall sein mag mit dem »wirklich
Wahrgenommenwerden« – wir sind uns doch einig,
daß ich zu Recht sagen kann, »ich nehme zwei Blatt
Papier wahr«, wenn ich genau weiß, daß nicht zwei
Blatt Papier wirklich vor mir liegen. Und da diese
Worte unleugbar *auch* dazu benutzt werden können,
um auszudrücken, daß dort wirklich zwei Blatt Papier *vorhanden sind*, müssen wir nicht zugeben, daß
es sich um zwei verschiedene Bedeutungen von
»wahrnehmen« handelt?
Nein, ich meine nicht! Die linguistischen Tatsachen,
die hier herangezogen wurden, genügen nicht, um
auch nur annähernd so viel zu beweisen. Denn erstens,
wenn es wirklich zwei *Bedeutungen* von »wahrnehmen« gäbe, so würde man natürlich erwarten, daß
»wahrnehmen« in einer von diesen in jeder seiner
Verbindungen auftreten würde. Aber selbst wenn »ich
nehme zwei Blätter wahr« nicht heißen *muß*, daß
dort zwei Blätter sind, so ist doch der Ausdruck
»zwei Blätter werden wirklich wahrgenommen« nicht
vereinbar mit der Tatsache, daß nur eines existiert.
Es sieht demnach so aus, als sagte man besser, daß die
Implikationen von »wahrnehmen« in verschiedenen
Verbindungen verschieden sind, als daß es zwei *Bedeutungen* von »wahrnehmen« gibt. – Aber wichtiger
noch ist die Tatsache, daß das Doppelt-Sehen ein
ganz außergewöhnlicher Fall ist, so daß man den
normalen Sprachgebrauch ausdehnen muß, um ihm
gerecht zu werden. Daher möchte ich in dieser unge-

wöhnlichen Situation vielleicht *faute de mieux* sagen, »ich nehme zwei Blatt Papier wahr«, obwohl ich durchaus weiß, daß in dieser Situation diese Wörter eigentlich nicht ganz angebracht sind. Aber die Tatsache, daß eine ungewöhnliche Situation mich veranlassen mag, Wörter zu gebrauchen, die in erster Linie für eine andere, normale Situation gedacht sind, genügt durchaus nicht, um zu beweisen, daß es im allgemeinen zwei verschiedene, normale (»korrekte und gebräuchliche«) *Bedeutungen* der Worte oder des Wortes gibt, das ich benutze. Eine so fragwürdige Anormalität wie das Doppelt-Sehen anzuführen könnte bestenfalls beweisen, daß der gewöhnliche Sprachgebrauch manchmal ausgedehnt werden muß, um außergewöhnliche Fälle unterzubringen. Es ist nicht so, wie Ayer sagt, daß sich »kein Problem ergibt, solange wir nur die beiden Gebrauchsformen auseinanderhalten«: wir haben gar keinen Grund, von zwei Gebrauchsformen zu sprechen! Es ergibt sich vielmehr »kein Problem«, solange wir die *besonderen Umstände* beachten.

Ich könnte bei einem Zoobesuch auf eines der Tiere zeigen und sagen »das ist ein Löwe«. Ich könnte aber auch auf eine Fotografie in meinem Album zeigen und sagen »das ist ein Löwe«. Soll das heißen, daß das Wort »Löwe« *zwei Bedeutungen* hat, von denen die eine ein Tier bezeichnet und die andere das Bild eines Tieres? Natürlich nicht! Um mir in diesem Fall Worte zu ersparen, kann ich in der einen Situation Worte gebrauchen, die sich vornehmlich für die andere eignen; und es wird kein Problem daraus entstehen, solange nur die Umstände bekannt sind.

In der Tat ist es im Fall des Doppelt-Sehens nicht wahr, daß mir nichts übrigbleibt, als den gewöhnlichen Gebrauch des Ausdrucks »ich nehme zwei Blatt Papier wahr« in der angegebenen Weise auszudehnen. Natürlich *kann* ich dies tun; aber es gibt tatsächlich eine besondere Redensart für diesen besonderen Fall, den Ayer eigentlich hätte erwähnen können, nämlich: »Ich sehe das Blatt Papier doppelt.« Ich könnte auch sagen: »Ich sehe es als zwei (Blätter)«.

Lassen Sie uns nun den Fall untersuchen, in dem ein Mann einen Stern sieht – ein Beispiel, bei dem Ayers Darstellung besonders seltsam ist. Sie erinnern sich – der Mann sagt angeblich zwei Dinge: (1) »Ich sehe einen weit entfernten Stern, der größer ist als die Erde«; und (2), wenn man ihn bittet, er möge beschreiben, was er tatsächlich sieht: »ich sehe einen silbrigen Fleck, der nicht größer ist als ein Sixpence«. Ayers erste Bemerkung ist, daß »man versucht ist, zu folgern, daß wenigstens eine dieser Behauptungen falsch sei«. Aber stimmt das? Warum sollte das so sein? Man könnte diese Versuchung vielleicht fühlen, wenn man astronomisch total ungebildet wäre – das heißt, wenn man dächte, daß diese silbrigen Punkte am Himmel wirklich nicht größer sein könnten als die Erde, oder wenn man umgekehrt glaubte, daß etwas, das größer ist als die Erde, auch bei großer Entfernung nicht wie ein silbriger Fleck aussehen könnte. Aber die meisten von uns wissen, daß die Sterne sehr, sehr groß und sehr, sehr weit entfernt sind; wir wissen, wie sie dem bloßen Auge, von der Erde aus gesehen, *erscheinen*, und wir wissen jedenfalls ein bißchen darüber, wie sie wirklich *sind*. Daher kann ich gar

keinen Grund dafür sehen, warum wir versucht sein
sollten zu glauben, daß »das Sehen eines enorm großen Sterns« unvereinbar mit dem »Sehen eines silbrigen Flecks« sein soll. Wären wir nicht durchaus bereit
zu sagen, daß der silbrige Fleck ein Stern *ist* – und
hätten wir damit nicht recht?

Vielleicht ist dies nicht sehr wichtig, da Ayer – obwohl er seltsamerweise meint, daß wir diese Versuchung fühlen sollten – auch der Ansicht ist, wir
sollten ihr widerstehen, denn die beiden Aussagen des
Mannes seien in der Tat nicht unvereinbar. Und er
erklärt dies folglich damit, »daß das Wort ›sehen‹
ebenso wie das Wort ›wahrnehmen‹ im allgemeinen
auf vielerlei Weise gebraucht wird«. Es gibt eine »Bedeutung«, in der es wahr ist, daß der Mann einen
Stern sieht, und eine andere »Bedeutung«, in der es
stimmt, daß er einen silbrigen Fleck sieht. Was sind
nun diese Bedeutungen?

»In der einen Bedeutung«, sagt Ayer, »in der der
Mann wahrhaft sagen kann, daß er den Stern sieht,
ist es nötig, daß das Gesehene auch existiert, aber
nicht nötig, daß es die Eigenschaften haben muß, die
es zu haben scheint.« Dies ist so weit in Ordnung,
obwohl in diesem Zusammenhang ein wenig unklar.
Wir können zwar akzeptieren, daß »es nötig ist, daß
das, was man sieht, wirklich existiert«; die Schwierigkeit bei der anderen Bedingung – »nicht nötig, daß es
die Eigenschaften hat, die es zu haben scheint« – liegt
darin, daß nicht klargemacht wird, was »die Eigenschaften, die es zu haben scheint« eigentlich sein sollen. Die allgemeine Tendenz der Diskussion deutet
darauf, daß seine *Größe* gemeint ist. Aber wenn das

so ist, dann ergibt sich die Schwierigkeit, daß die Frage »welche Größe scheint er zu haben?« – auf einen Stern bezogen – von keinem vernünftigen Menschen beantwortet werden könnte. Er könnte sagen »er sieht winzig aus«; aber es wäre absurd, dies so zu verstehen, daß er aussieht, als *sei* er winzig, daß er winzig *zu sein* scheine. Im Falle eines Objekts, das so ungeheuer weit entfernt ist wie ein Stern, gibt es nicht so etwas wie »die Größe, die es zu sein scheint«, wenn man es betrachtet, da eine solche Schätzung seiner Größe hier gar nicht in Frage kommt. Man kann nicht sinnvollerweise sagen: »Dem Aussehen nach zu urteilen ist es größer/kleiner als die Erde«, weil das Aussehen hier gar keine Grundlage selbst für ein so ungenaues Urteil geben kann. Wir können jedoch vielleicht das Problem durch ein anderes Beispiel lösen. Sterne flimmern deutlich; und man könnte deshalb vielleicht vernünftigerweise sagen, daß es *scheint*, als leuchten sie nur unregelmäßig, mit Unterbrechungen und nicht kontinuierlich. Wenn wir jedoch annehmen, daß die Sterne nicht mit Unterbrechungen leuchten [sondern kontinuierlich scheinen], und wenn wir zugeben, daß wir Sterne sehen, dann können wir schließen, daß es offenbar nicht notwendig ist, daß das, was man sieht, auch »die Eigenschaften hat, die es zu haben scheint«.

Lassen Sie uns nun Ayers andere »Bedeutung« untersuchen. »In einem anderen Sinn«, sagt er, »nämlich in dem jemand wahrhaft sagen kann, daß das, was er sieht, nicht größer ist als ein Sixpence, ist es nicht möglich, daß irgend etwas die Eigenschaften zu haben scheint, die es nicht wirklich hat, aber auch nicht

notwendig, daß, was gesehen wird, auch wirklich
existiert«. Nun *wäre* das vielleicht »ein anderer
Sinn« von »sehen«, wenn es ihn gäbe; aber es gibt ihn
in Wirklichkeit gar nicht. Wenn jemand sagt, »ich
sehe einen silbrigen Fleck«, so »besagt« er *natürlich*
damit, daß der Fleck existiert, daß er da ist; und
wenn es *keinen* Fleck an der Stelle des nächtlichen
Himmels gibt, die er beobachtet, wenn also diese
Stelle ganz leer ist, dann sieht er natürlich *keinen* silbrigen Fleck dort. Es hat keinen Sinn, wenn er sagt:
»Nun, die Stelle am Himmel ist ganz leer, aber es ist
trotzdem wahr, daß ich einen silbrigen Fleck [dort]
sehe; denn ich gebrauche das Wort ›sehen‹ in dem
Sinn, in dem es nicht nötig ist, daß, was man sieht,
auch existieren muß«. Man könnte glauben, ich sei
hier unfair; und daß, wenn Ayer sagt, daß der Fleck,
den der Mann sieht, nicht »wirklich existieren« muß,
er gar nicht meinen kann, daß dort einfach kein Fleck
zu sehen ist, sondern nur, daß er nicht als Bewohner
einer bestimmten Region des physischen Raumes
»wirklich existiert«, wie es die Sterne tun. Aber nein:
Ayer meint es durchaus so, wie ich ihn verstanden
habe; denn, Sie erinnern sich, er sagte vorher ganz
deutlich, daß es ein »richtiger und wohlbekannter«
Gebrauch des Wortes »wahrnehmen« sei, daß, »wenn
man von einem Objekt sagt, daß es wahrgenommen
wird, daraus nicht folgt, daß man behauptet, *es
existiere in irgendeinem Sinne*«. Dazu läßt sich nur
bemerken, daß dies nicht stimmt.[4]

4. Wie steht es denn mit dem Gespenster-Sehen? Nun, wenn
ich sage, »meine Kusine Josephine hat einmal ein Gespenst
gesehen, obwohl ich nicht an Gespenster glaube« (was immer

Ein anderes Merkmal dieses angeblichen Sinnes von
»sehen« ist nicht weniger seltsam. Es wird gesagt, daß
in dem »Sinn« von »sehen«, in dem jemand einen
silbrigen Fleck sieht, es »nicht möglich ist, daß etwas
die Eigenschaften zu haben scheint, die es nicht wirklich hat«. Hier ist es wieder nicht ganz klar, welche
Eigenschaften gemeint sind; aber es sieht so aus, als
meinte Ayer die »Eigenschaft«, *nicht größer als ein
Sixpence zu sein.* Daran ist jedoch gewiß etwas Absurdes, denn wir reden hier von einem *Fleck*, nicht
von einem Stern. Kann denn die Frage, ob ein Fleck
wirklich nicht größer als ein Sixpence *ist* oder ob er
vielleicht nur so *aussieht*, allen Ernstes gestellt werden? Welcher Unterschied würde denn zwischen den
angeblichen Alternativen bestehen? Zu sagen »er ist
nicht größer als ein Sixpence« ist schließlich nichts
weiter als eine patente Formel, um ihn zu beschreiben.
Aber, wenn wir statt dessen etwas suchen, das man
ernsthaft für eine »Eigenschaft« des Flecks halten
könnte – z. B. die Eigenschaft, eine rosa Farbe zu
haben –, kommen wir wieder zu dem Schluß, daß es
nicht den Sinn von »sehen« gibt, wie Ayer behauptet.
Denn, wenn jemand einen Fleck am Nachthimmel
sieht, so könnte dieser durch eine Anormalität seiner
Augen z. B. grau aussehen, obwohl er rosa ist. Die
einzige Art, auf die man es so drehen kann, daß

das heißen mag), so kann ich dann nicht sagen, daß *Gespenster
nicht in irgendeinem Sinn* existieren. Denn es gab doch in
irgendeinem Sinn dieses Gespenst, das Josephine sah. Wenn ich
darauf bestehen will, daß Gespenster *auf gar keine Weise* existieren, dann darf ich nicht zugeben, daß jemand sie je sieht –
ich muß sagen, daß die Leute nur *glauben*, sie zu sehen, daß
sie sie scheinbar sehen oder so ähnlich.

etwas Beobachtetes eine Eigenschaft nicht haben *kann*, die es tatsächlich nicht hat, ist die, so eine Eigenschaft wie »nicht größer als ein Sixpence zu sein« auszusuchen – aber in diesem Fall rührt die Unmöglichkeit *nicht* von dem »Sinn« her, in dem »sehen« gebraucht wird, sondern von der Absurdität, dieses »nicht größer als ein Sixpence sein« in diesem Zusammenhang als eine Eigenschaft zu betrachten, bei der es sinnvoll wäre zu unterscheiden, ob ein Ding sie hat oder nur zu haben scheint. Tatsache ist, daß es *keinen* Sinn von »sehen« gibt, bei dem das Gesehene auf keinerlei Weise zu existieren braucht, und ebensowenig einen (denselben oder einen anderen Sinn),[5] in dem es unmöglich ist, daß das Gesehene »Eigenschaften zu haben scheint, die es nicht wirklich hat«. Ich bestreite natürlich gar nicht, daß wir solche Anwendungen von »sehen« erfinden könnten, obwohl ich nicht wüßte, warum; aber man darf nicht vergessen, daß Ayer hier Bedeutungen von »sehen« beschreibt, die schon »gebräuchlich« und »korrekt« sein sollen.

Wir sind damit am Ende von Ayers Beispielen angekommen; und anscheinend zeigt keines von ihnen, daß es verschiedene »Bedeutungen« von »sehen«, »wahrnehmen« usw. gibt. Eines der Beispiele – das vom Doppelt-Sehen – weist allerdings darauf hin

5. Es ist in der Tat schwer einzusehen, wie Ayer glauben konnte, er charakterisiere einen einzigen Sinn von »sehen« mit seiner Summe von Bedingungen. Denn wie kann man im selben Atemzug sagen: »Es muß wirklich die Eigenschaften haben, die es zu haben scheint« und: »es braucht nicht zu existieren«. *Was* muß die Eigenschaften haben, die es zu haben scheint?

(was man sowieso erwartet), daß in besonderen Situationen die gewöhnlichen Ausdrücke gebraucht werden, *ohne* die gewöhnliche Bedeutung zu haben; ebenso, wenn wir von einem Trinker im Delirium tremens
sagen, daß er »weiße Mäuse sieht«; denn hierbei meinen wir nicht (wie man es normalerweise meinen
würde), daß es richtige, lebendige weiße Mäuse sind,
die er sieht; aber eine solche Begriffserweiterung in
außergewöhnlichen Situationen stellt gewiß keinen
besonderen *Sinn* dar, noch weniger »gebräuchliche
und korrekte« Bedeutungen dieser Worte. Und die
anderen Beispiele sind entweder nicht relevant für
die Frage über verschiedene Bedeutungen dieser
Worte, oder sie ziehen angebliche »Bedeutungen« her-
an, die ganz einfach nicht existieren – wie in dem
Beispiel des Sterne-Sehens, das Ayer beschreibt.
Was ist also schiefgegangen? Ich glaube, zum Teil
dieses: Ayer bemerkt ganz richtig, daß die Frage »was
nimmt X wahr?« normalerweise jedenfalls viele verschiedene Antworten erhalten kann und daß diese
verschiedenen Antworten alle richtig und deshalb
konsequent sein mögen, und er zieht daher den Schluß,
daß »wahrnehmen« verschiedene »Bedeutungen« haben muß – denn wie könnten *verschiedene* Antworten
auf die Frage sonst alle *richtig* sein? Aber die richtige
Erklärung der linguistischen Fakten ist gar nicht
diese; sondern einfach, daß das, was wir »wahrnehmen«, auf verschiedene Weise beschrieben, identifiziert, klassifiziert, charakterisiert und benannt werden
kann. Wenn man mich fragt, »was hast du getreten?«,
so könnte ich sagen, »ich habe ein Stück bemaltes
Holz getreten« oder »ich habe Jones' Vordertür ge-

treten«; beide Antworten könnten durchaus richtig
sein. Aber würden wir deshalb sagen, daß »treten«
dabei in zwei verschiedenen Bedeutungen benutzt
wurde? Natürlich nicht! Was ich getreten habe – in
eben nur einem »Sinn«, dem normalen –, könnte als
ein Stück bemaltes Holz beschrieben *oder* als Jones'
Vordertür identifiziert werden: das fragliche Stück
Holz *war* Jones' Vordertür. Auf ähnliche Weise
könnte ich sagen, »ich sehe einen silbrigen Fleck«
oder »ich sehe einen riesigen Stern«; was ich sehe – in
dem einzigen, gewöhnlichen »Sinn« dieses Wortes –,
kann als silbriger Fleck beschrieben oder als sehr großer Stern identifiziert werden; denn der fragliche
Fleck *ist* ein sehr großer Stern.[6]
Angenommen, Sie fragen mich: »Was haben Sie heute
früh gesehen?« Ich könnte antworten: »Ich sah einen
Mann in Oxford, der rasiert wurde«. Ich könnte aber
auch genau so korrekt sagen (und mich dabei auf dieselbe Situation beziehen): »Ich sah einen Mann, der
in Jerusalem geboren ist.« Folgt daraus, daß ich
»sehen« in verschiedenen Bedeutungen benutze? Natürlich nicht! Die einfache Tatsache ist die, daß
zweierlei auf den Mann zutrifft, den ich sah: 1. daß
er in Oxford rasiert wurde und 2. daß er etliche
Jahre vorher in Jerusalem geboren wurde. Und ich
kann mich gewiß auf die eine oder die andere dieser
Tatsachen beziehen, wenn ich – *keineswegs* in zweideutiger Weise – sage, daß ich ihn gesehen habe. Oder

---

6. Daraus folgt natürlich nicht, daß wir sagen könnten: »dieser
sehr große Stern ist ein Fleck«. – Ich könnte z. B. sagen: »Der
weiße Punkt am Horizont ist mein Haus«; aber daraus dürfte
man nicht schließen, daß ich in einem weißen Punkt wohne.

wenn hier etwas zweideutig ist, so ist es nicht das
Wort »sehen«.

Angenommen, ich sehe durch ein Teleskop, und Sie
fragen mich: »Was sehen Sie?« Ich könnte antworten:
1. »Einen hellen Fleck«; 2. »Einen Stern«; 3. »Sirius«;
4. »Das Bild im 14. Spiegel des Teleskops.« Alle diese
Antworten mögen völlig richtig sein. Haben wir dadurch verschiedene Bedeutungen von »sehen«? *Vier*
verschiedene Bedeutungen? Natürlich nicht! Das Bild
im 14. Spiegel des Teleskops *ist* ein heller Fleck, dieser
helle Fleck *ist* ein Stern, und der Stern *ist* Sirius. Ich
kann also ganz richtig und ohne jede Zweideutigkeit
sagen, daß ich jedes von diesen sehe. Welche Antwort
ich wähle, hängt von den besonderen Umständen des
Falles ab – z. B. von welcher Art von Antwort ich
annehme, sie interessiere Sie, oder wieviel ich darüber
weiß oder wie weit ich bereit bin, mir eine Blöße zu
geben. (Und diese Blöße kann in mehreren Dimen-
sionen gegeben werden; so könnte es ein Planet sein,
kein Stern; oder Beteigeuze und nicht Sirius; oder es
könnten überhaupt nur 12 Spiegel im Teleskop
sein.)

»Ich sah einen unbedeutend aussehenden Mann in
schwarzen Hosen.« »Ich sah Hitler.« Zwei Bedeutungen von »sah«? Durchaus nicht!

Die Tatsache, daß wir normalerweise das, was wir
sehen, auf vielerlei mehr oder weniger waghalsige
Weise beschreiben, identifizieren oder klassifizieren
können, macht es nicht nur unnötig und unklug, die
verschiedenen Bedeutungen von »sehen« herauszu-
suchen; es zeigt auch nebenbei, daß die Philosophen
unrecht hatten, die meinten, daß die Frage »was sehen

Sie?« nur *eine* richtige Antwort hat – z. B. diese:
»einen Teil der Oberfläche von« (was auch immer).
Denn, wenn ich einen Teil der Oberfläche eines
Tisches sehen kann (z. B. von oben), so kann ich doch
auch einen Tisch sehen (einen Eß-Tisch, einen Maha-
goni-Tisch, den Tisch meines Bankvorstehers usw.) –
und kann dies auch sagen, wenn ich dazu in der Lage
bin. Dieser spezielle Vorschlag hat den weiteren
Nachteil, daß man damit das durchaus anständige
Wort »Oberfläche« verdirbt; denn es ist nicht nur
sündhaft falsch zu sagen, daß das, was wir von
einem Gegenstand sehen, immer seine *Oberfläche* ist;
es ist auch falsch, daraus zu folgern, daß jedes Ding
eine Oberfläche *hat*. Was und genau wo ist die Oberfläche einer Katze? Außerdem: warum »ein Teil der
Oberfläche«? Wenn vor mir ausgebreitet ein Blatt
Papier liegt, wäre es ein mutwilliger Mißbrauch zu
sagen, daß ich »nur einen Teil« von ihm sehe, weil
ich (natürlich) nur die eine Seite sehe.

Ein anderer Punkt, den man wenigstens erwähnen
muß, ist dieser: Obwohl es keinen guten Grund gibt
zu sagen, daß »wahrnehmen« (»sehen« usw.) verschiedene *Bedeutungen* hat, ist doch die Tatsache, daß wir
verschiedene Beschreibungen von dem geben können,
was wir wahrnehmen, nicht schon alles. Wann immer
etwas gesehen wird, gibt es nicht nur verschiedene Arten zu *sagen,* was man sieht; sondern es mag auch *verschieden* gesehen worden sein, auf verschiedene *Art und
Weise*. Diese Möglichkeit, die die wichtige Formel
»sehen ... als ...« einführt, ist von den Psychologen
sehr ernst genommen worden und auch von Wittgen-
stein. Aber die meisten Philosophen, die über die

Wahrnehmung schreiben, haben es kaum bemerkt. Die deutlichsten Fälle sind ohne Zweifel die, in denen (wie z. B. bei Wittgensteins Enten-Kaninchen) ein Bild oder eine Zeichnung mit Absicht so entworfen wurde, daß man es auf zwei verschiedene Weisen sehen kann – als Ente oder als Kaninchen, konvex oder konkav oder wie auch immer. Aber das Phänomen kommt sozusagen auch in der Natur vor. Ein Soldat sieht die komplexe Entfaltung der Truppe auf dem Paradeplatz mit anderen Augen als jemand, der nichts vom Drill versteht; ein Maler – jedenfalls ein Maler von einigem Können – wird eine Szene anders betrachten als jemand, der nichts von der Technik der bildlichen Wiedergabe versteht. Daher werden verschiedene Arten, das Gesehene auszudrücken, oft nicht nur auf Unterschiede in der Erkenntnis oder im Wissen zurückzuführen sein, nicht nur auf Feinheiten der Unterscheidung oder auf das Interesse in diesem oder jenem Aspekt der Gesamtsituation – sondern darauf, daß man das Gesehene anders sieht, auf andere Weise, *als* dieses statt *als* das. Und es wird manchmal nicht nur *eine* richtige Art geben zu *sagen*, was man sieht, aus dem weiteren Grund, daß es vielleicht keine einzelne richtige Art gibt, es zu *sehen*.[7] Es lohnt sich, zu bemerken, daß mehrere der Beispiele, denen wir in anderen Zusammenhängen begegnet sind, Gelegenheit für den Gebrauch der »sehen ... als«

7. Sehen wir die Dinge *normalerweise, wie sie wirklich sind*? Ist dies ein glücklicher Zufall, etwas, das die Psychologen erklären könnten? Ich möchte der Versuchung widerstehen, das zu sagen: »sehen als« ist für *besondere* Fälle. Wir sagen manchmal, daß wir eine *Person* sehen »wie sie wirklich ist« – »in ihrer

Formel geben. Statt zu sagen, daß ein entfernter Stern
dem bloßen Auge als ein winziger Fleck erscheint
oder wie ein solcher aussieht, könnten wir sagen, er
wird *als* winziger Fleck gesehen; oder statt zu sagen,
daß eine Frau, die ihren Kopf in einem schwarzen
Sack hat, vom Zuschauerraum aus kopflos erscheint
oder aussieht wie eine Frau ohne Kopf, könnte man
sagen, daß sie *als* Frau ohne Kopf gesehen wird.

Jetzt müssen wir aber zu dem ursprünglichen philosophischen Argument zurückkehren. Wie Sie sich erinnern werden, bestand Ayers Abschnitt über »die
Einführung von Sinnesdaten« großenteils aus den Be-
mühungen, die These aufzustellen, daß es verschiedene – zwei oder sogar mehr – »Bedeutungen« von
»wahrnehmen« und anderen Verben der Wahrnehmung gibt. Ich habe behauptet, daß kein Grund zu
der Annahme besteht, daß es diese verschiedenen Bedeutungen gibt. Man könnte nun meinen, dies wäre
für Ayers Argument von Wichtigkeit; seltsamerweise
ist es dies meiner Meinung nach jedoch nicht. Denn
obwohl sein Argument so dargelegt wird, als ob es
von dieser Theorie über verschiedene Bedeutungen
der Wahrnehmungs-Verben abhinge, hängt es durchaus nicht von dieser Doktrin ab.
Die Art und Weise, in der Sinnesdaten schließlich

wahren Form«; aber dies ist (a) ein erweiterter, wenn nicht
metaphorischer Gebrauch von »sehen«, (b) auf den Fall von
Personen *beschränkt*, und (c) ein spezieller Fall sogar in diesem
beschränkten Gebiet. Könnten wir denn z. B. sagen, daß wir
Streichholzschachteln in ihrer wahren Form sehen?

»eingeführt« werden, ist – wie Sie sich erinnern werden – folgende: Die Philosophen, so heißt es, gebrauchen »wahrnehmen« (»sehen« usw.) so, »daß, was gesehen oder sonst sinnlich erfahren wird, wirklich existieren und wirklich die Eigenschaften haben muß, die es zu haben scheint«. Dies ist natürlich nicht die Art, wie »wahrnehmen« (»sehen« usw.) gewöhnlich gebraucht wird; und es ist auch nicht eine der Gebrauchsarten dieser Wörter, die Ayer selbst für korrekt und gebräuchlich hält; es ist eine *spezielle*, von den Philosophen erfundene Weise, diese Worte zu gebrauchen. Nachdem sie nun einmal entschlossen sind, die Worte auf diese Weise zu gebrauchen, entdecken sie, daß der Ausdruck »materielle Gegenstände« nicht die Stelle als Kandidat für das Wahrgenommene einnehmen kann; denn materielle Gegenstände haben nicht immer wirklich die Eigenschaften, die sie zu haben scheinen, und manchmal sieht es so aus, als existieren sie, wenn dies in Wirklichkeit nicht der Fall ist. Obwohl also nur wenige Philosophen, wenn überhaupt einer, so vorschnell sind zu leugnen, daß materielle Dinge je in irgendeinem »Sinn« wahrgenommen werden, so muß doch irgend etwas anderes gefunden werden, was in diesem besonderen, philosophischen Sinn »wahrgenommen« wird. Was ist es also, das diese Stelle ausfüllen kann? Die Antwort ist: Sinnesdaten.

Die Lehre, daß es in unphilosophischer Redeweise *bereits* verschiedene »Bedeutungen« von »wahrnehmen« *gibt*, hat bis jetzt noch keine Rolle in diesem Manöver gespielt, das im wesentlichen darin bestand, einen ganz *neuen* »Sinn« zu erfinden. Was also ist ihre

Rolle? Nun, Ayer (und Price) zufolge ist ihre Rolle
die, den Philosophen einen Grund zu geben, ihre
eigene, spezielle Bedeutung zu *erfinden*.[8] Ihre eigene,
spezielle Bedeutung wird Ayer zufolge erfunden, um
diese Mehrdeutigkeit zu vermeiden. Nun ist aber der
Grund, weshalb es gar keine Rolle spielt, daß diese
Mehrdeutigkeiten gar nicht existieren, der, daß ihre
Vermeidung gar nicht das wirkliche Motiv [von Ayer
und Price] ist. Ihr wirkliches Motiv, das der ganzen
Sache zugrunde liegt, ist, daß sie eine Gattung von
Aussagen herstellen wollen, die *unkorrigierbar* sind;
und der wirkliche Vorteil dieses erfundenen Sinnes
von »wahrnehmen« ist der, daß ich, wenn ich sage,
was ich (in diesem Sinne) »wahrnehme«, *nichts Falsches sagen kann*, da das, was in diesem Sinn wahrgenommen wird, *existieren muß* und auch *so sein
muß*, wie es erscheint. Dies alles müssen wir jetzt
untersuchen.

---

8. Um ganz genau zu sein: Price betrachtet die Existenz dieser
verschiedenen »Bedeutungen« als einen Grund, eine spezielle
Terminologie zu erfinden. Siehe *Perception*, S. 24: »In dieser
Lage ist das einzige sichere Mittel dieses, das Wort ›wahrnehmen‹
ganz und gar zu vermeiden.«

Die Jagd nach dem Unkorrigierbaren [the incorrigible, d. h. nach der absoluten Gewißheit] ist einer der ehrwürdigsten Popanzen in der Geschichte der Philosophie. Er überwuchert die ganze alte Philosophie, war am auffälligsten bei Plato, wurde zu kräftigem Leben wiedererweckt bei Descartes und von ihm einer langen Reihe von Nachfolgern hinterlassen. Zweifellos hat diese Jagd viele Motive und nimmt viele Formen an – aber natürlich können wir hier nicht ihre ganze Geschichte aufzeigen. In einigen Fällen scheint das Motiv eine relativ einfache Suche nach etwas zu sein, das *absolut sicher* ist – ein Verlangen, das schwer genug zu befriedigen sein mag, wenn man es so einrichtet, daß die Gewißheit völlig unerreichbar ist. In anderen Fällen – bei Plato vielleicht – ist es das Verlangen nach etwas, das *immer wahr* sein wird. Aber in dem vorliegenden Fall, der direkt von Descartes herrührt, besteht eine zusätzliche Schwierigkeit in der Form der allgemeinen Doktrin über die Erkenntnis. Und es ist natürlich die Erkenntnis und nicht die Wahrnehmung, an der diese Philosophen wirklich interessiert sind. Bei Ayer zeigt sich das in dem Titel seines Buches sowie *passim* im Text; Price ist ernsthafter an den Tatsachen der Perzeption interessiert als Ayer und schenkt ihnen größere Aufmerksamkeit – aber es ist doch bemerkenswert, daß nach der Ausgangsfrage »Was heißt es, etwas zu *sehen*?« sein nächster Satz lautet: »Wenn ich eine Tomate sehe, so gibt es viel, das ich *bezweifeln kann.*« Dies zeigt, daß auch er nicht so sehr an dem interessiert ist, was denn »sehen« heißt, als an dem, was man nicht bezweifeln *kann.*

Kurz gesagt, die Doktrin von der Erkenntnis – der »empirischen« Erkenntnis – besteht darin, daß sie *Grundlagen* hat. Sie ist eine Struktur, deren obere Rangsprossen durch Folgerungen zu erreichen sind, und die Grundlagen werden von den *Daten* gebildet, auf denen diese Folgerungen beruhen. (Deshalb *müssen* also, so will es scheinen, Sinnesdaten existieren.) Nun ist das Problem mit Folgerungen dies, daß sie falsch sein können; wann immer wir einen Fuß voransetzen, können wir einen falschen Schritt tun. Deshalb – so verläuft die Doktrin – ist die einzige Art, um die oberen Rangsprossen der Erkenntnisstruktur zu identifizieren, diejenige, zu fragen, ob man sich vielleicht geirrt hat – ob es etwas gibt, was man *bezweifeln könnte*; wenn die Antwort darauf »ja« ist, so sind wir noch nicht einmal am Fuße der Leiter. Und umgekehrt ist es für die *Daten* charakteristisch, daß – sie betreffend – kein Zweifel möglich ist, kein Fehler gemacht werden kann. Um also die Daten, die Grundlagen, zu finden, muß man das *Unkorrigierbare* suchen.

Nun ist Ayers Exposition dieser sehr alten Geschichte sehr modern, sehr linguistisch – oder war es jedenfalls, als er sie schrieb. Er wirft Price und seinen anderen Vorgängern andauernd vor, daß sie das als Tatsachen behandeln, was in Wirklichkeit linguistische Fragen sind. Wie wir jedoch gesehen haben, hindert diese relative Einsichtigkeit Ayer nicht daran,

fast alle von den alten Märchen und Fehlern zu
schlucken, die das traditionelle Argument enthält.
Außerdem ist es, wie wir gesehen haben, gar nicht
wahr, daß er selbst die gestellten Fragen für Fragen
der Sprache hält – obwohl dies seine offizielle Theorie ist. Und schließlich, wie wir gleich sehen werden,
führt ihn die Behauptung, daß sie doch linguistische
Fragen sind, dazu, in ihrer Darlegung eine Anzahl
ziemlich gravierender Fehler zu machen.
Aber bevor ich darauf eingehe, möchte ich noch ein
Wort sagen über diese Spaltung zwischen Ayers offi-
ziellen und seinen tatsächlichen Ansichten. Wir haben
sie schon früher bemerkt – im zweiten Abschnitt seines Buches –, nämlich in seiner seltsamen Überzeugung, daß es keine echten Tatsachen von »materiellen
Dingen« gibt, daß wir vielmehr über sie reden können, wie wir wollen, und daß die einzigen wirklichen
Tatsachen solche von »Phänomenen« sind, von »sinnlichen Erscheinungen«. Aber sein Glaube, daß es
wirklich *nur* Sinnesdaten *gibt*, erscheint wieder und
noch viel deutlicher und viel öfter im letzten Kapitel,
das bezeichnenderweise den Titel trägt: »Die Zusam-
mensetzung der materiellen Dinge« (»Woraus bestehen die materiellen Dinge?«). Zum Beispiel: »Was
den Glauben an die ›Einheit‹ und ›Gegenständlich-
keit‹ der materiellen Dinge betrifft, so werde ich zeigen, daß man schlüssig beweisen kann, daß dies auf
nichts anderem beruht als auf der Zuordnung gewisser Beziehungen zu visuellen und faktischen Sinnesdaten – Beziehungen, die *tatsächlich* in unserer Er-
fahrung gegeben sind. Und ich werde zeigen, daß nur

das zufällige *Bestehen dieser Beziehungen* zwischen
den Sinnesdaten es *uns förderlich erscheinen läßt*, den
Lauf unserer Erfahrungen in der Form der Existenz
und dem Verhalten materieller Dinge *zu beschreiben.*«
(Die Hervorhebungen sind von mir.) Und wiederum:
»Ich kann meine Aufgabe, die ich mir vorgenommen
habe, beschreiben als das Aufzeigen der allgemeinen
Prinzipien, nach denen wir die Welt der materiellen
Dinge *aus unseren Vorräten von Sinnesdaten* ›auf-
bauen‹.« Nun ist natürlich die offizielle Auslegung
dieser und ähnlicher Bemerkungen die, daß sie streng
genommen die logischen Beziehungen zwischen zwei
verschiedenen *Sprachen* betreffen, der »Sprache der
Sinnesdaten« und der »Sprache der materiellen Gegenstände«, und daß sie nicht wörtlich genommen
werden dürfen als etwas, das sich auf die wirkliche
Existenz irgendeines Dinges bezieht. Aber es ist nicht
so, daß Ayer manchmal so tut, *als ob* es tatsächlich
nur Sinnesdaten gäbe und *als ob* »materielle Dinge«
nur Legespiel-Zusammensetzungen aus Sinnesdaten
wären. Sondern es ist klar, daß er tatsächlich glaubt,
daß dies so ist. Denn er glaubt ohne Frage, daß die
empirische »Evidenz« *nur* durch das Auftreten von
Sinnesdaten gegeben ist und daß *aus diesem Grund*
»jede Aussage, die sich auf einen materiellen Gegenstand bezieht, *irgendwie* in der Sinnesdaten-Sprache
ausdrückbar sein *muß*, wenn sie empirisch sinnvoll
sein soll«. (Wieder meine Hervorhebung.) Das heißt,
die offizielle Frage, wie diese beiden angeblichen
»Sprachen« zueinander in Beziehung stehen, wird nie
als wirklich offen betrachtet: sondern die Sprache
der materiellen Gegenstände *muß* (immer) *irgendwie*

auf die Sinnesdaten-Sprache reduzierbar sein. Warum? Weil die Sinnesdaten tatsächlich unseren gesamten »Vorrat« ausmachen.

Wir sollten jedoch diese Theorie von den »zwei Sprachen« noch etwas näher untersuchen. Ayer führt in seinem Buch ein Streitgespräch mit Carnap über dieses Thema, und es ist interessant zu sehen, wie die Diskussion zwischen ihnen verläuft.[1]
Carnaps Theorie, die Ayer teilweise ablehnt, besagt, daß die (echten) indikativen Sätze einer Sprache, soweit sie nicht analytisch sind, sich in zwei Gruppen einteilen lassen, so daß die eine Gruppe aus »empirisch prüfbaren« Sätzen besteht, die andere aus »Beobachtungssätzen« oder »Protokollsätzen«. Ein Satz gehört der ersten Gruppe an, ist also empirisch prüfbar, dann und nur dann, wenn – wie Ayer es ausdrückt – ein Beobachtungssatz »nach den üblichen Sprachregeln von ihm abgeleitet werden kann«. Über diese Beobachtungssätze nun sagt Carnap zweierlei: erstens, daß es im Grunde nur eine Frage der Konvention ist, welche Beobachtungssätze wir als *wahr* annehmen; wir müssen es nur so einrichten, daß der gesamte Komplex der behaupteten Sätze in sich widerspruchsfrei bleibt; und zweitens, daß es keine große Rolle spielt, welche Art von Sätzen wir als Beobachtungssätze einstufen; denn »jeder konkrete Satz der physikalischen Systemsprache kann unter geeigneten Umständen als Beobachtungssatz dienen«.

1. Ayer, a. a. O., S. 84–92, 113 f.

Ayer ist nun in beiden Punkten anderer Meinung als
Carnap. Zu dem ersten sagt er, heftig und ganz rich-
tig, daß, wenn es irgendeine Aussage gibt, die einen
ernsthaften Anspruch darauf erheben kann, über die
Welt, in der wir leben, etwas Wahres (oder sogar
Falsches) auszusagen, dann muß es natürlich auch
Dinge geben, deren Wahrheit (oder Falschheit) durch
die nicht-verbale Realität bestimmt werden; es kann
nicht so sein, daß alles, was wir sagen, nur auf seine
Widerspruchsfreiheit in bezug auf andere unserer
Aussagen betrachtet wird.
Betreffs des zweiten Punktes ist es nicht *ganz* so klar,
wo Ayer steht. Er meint – und dies scheint durchaus
vernünftig –, daß die einzigen Sätze, welche man zu
Recht »Beobachtungssätze« nennen kann, diejenigen
sind, welche »beobachtbare Zustände« [states of
affairs] protokollieren. Aber welche Art von Sätzen
tut ebendies? Ist es möglich, wie Ayer sagt, »die
Klasse von Aussagen zu begrenzen, die in der Lage
sind, direkt verifiziert zu werden«? Die Schwierigkeit
liegt darin, daß nicht ganz klar wird, wie er diese
Frage beantwortet. Zuerst sagt er, daß »es von der
Sprache abhängt, in der die Aussage erscheint«. Es
besteht jedoch offensichtlich kein ernsthafter Zweifel
daran, daß Aussagen über Sinnesdaten direkt verifizierbar sind. »Andererseits, wenn wir einem Kind
seine Muttersprache beibringen, so setzen wir implizit
voraus, daß Aussagen über materielle Dinge direkt
verifizierbar sind.« Nun, vielleicht tun wir das; aber
haben wir auch ein Recht zu dieser Voraussetzung?
Ayer scheint manchmal zu meinen, daß wir jedenfalls
damit durchkommen; aber es bleibt schwer einzu-

sehen, wieso er das wirklich glaubt. Denn er meint
(ganz abgesehen von seiner schon erwähnten Tendenz
zu behaupten, daß die eigentlich wirklichen Tatsachen
sich auf Sinnesdaten beziehen), daß Beobachtungssätze die *Termini* des Verifikationsprozesses sind (wie
Carnap übrigens auch). Und er hat wiederholt die
Ansicht vertreten, daß Aussagen über »materielle
Dinge« nicht nur selbst verifiziert werden müßten,
sondern auch, daß sie tatsächlich *nicht* »endgültig«
verifiziert werden *können*. Das heißt also, wenn
Ayer nicht bereit ist zu sagen, daß Aussagen, die
nicht »endgültig« verifizierbar sind, doch »direkt«
verifiziert werden können und daß sie außerdem als
Termini in Verifikationsprozessen fungieren können,
muß er doch bestreiten, daß Aussagen über materielle
Dinge »Beobachtungssätze« sein können. Und es ist
ziemlich klar, sowohl von der allgemeinen Tendenz
seines Arguments wie auch von dessen innerer Struktur, daß er dies tatsächlich bestreitet. In Carnaps
Worten scheint sein wirklicher Standpunkt der zu
sein, daß Aussagen über »materielle Dinge« »empirisch prüfbar« sind und Aussagen über Sinnesdaten
»Beobachtungssätze«. Und während Mitglieder der
ersten Gruppe nicht endgültig verifizierbar sein können, sind die der zweiten Gruppe tatsächlich *unkorrigierbar* [d. h. absolut richtig].
Wir müssen jetzt überlegen, was an all dem richtig
und was falsch ist. Wie wir schon sagten, hat Ayer
recht und Carnap unrecht in der Frage der Beziehung
zur nicht-verbalen Realität; die Idee, daß nur die
Widerspruchsfreiheit der Sätze untereinander eine
Rolle spiele, ist in der Tat total irrig. In der zweiten

Frage jedoch kommt Carnap der Sache jedenfalls
näher als Ayer: es existiert gewiß keine besondere
Unterklasse von Sätzen, welche nur dazu da sind, um
als Evidenz für andere Sätze zu gelten oder diese zu
verifizieren – und erst recht keine, die sich dadurch
auszeichnen, daß sie unkorrigierbar sind. Aber Carnap hat trotzdem hier nicht *ganz* recht: denn, wenn
wir untersuchen, warum er beinahe recht hat, sehen
wir, daß in dem wichtigsten Punkt sowohl er wie
Ayer sich gleichermaßen irren.

Dieser Punkt ist, kurz gesagt, folgender. Es wird
heute ziemlich allgemein akzeptiert, daß, wenn man
nur irgendeine Gruppe von Sätzen betrachtet (oder
sagen wir: von Aussagen[2], um den Ausdruck zu gebrauchen, den Ayer vorzieht), die fehlerlos in irgendeiner Sprache formuliert sind, es keine Möglichkeit
gibt, sie in wahre und falsche (Aussagen) zu trennen;
denn die Frage nach der Wahrheit oder Falschheit
eines Satzes hängt (wenn man von den sogenannten
»analytischen« Sätzen absieht) nicht davon ab, was
ein Satz *ist*, noch, was er *bedeutet*, sondern – grob
gesagt – von den Umständen, unter denen er ausge-
sprochen wird. Sätze *an sich* sind nicht wahr oder
falsch. Aber aus demselben Grund, wenn man nur

---

2. Der Abschnitt, in dem Ayer seinen Gebrauch dieses Ausdrucks erklärt (S. 102), verbirgt gerade den wichtigsten Punkt.
Denn Ayer sagt 1., daß in seinem Gebrauch das Wort »Aussage«
[proposition] die Klasse von Sätzen bezeichnet, die alle *dieselbe Bedeutung* haben und daß er 2. »deshalb« Aussagen und
nicht Sätze als wahr oder falsch bezeichnet. Aber zu wissen,
was ein Satz *bedeutet*, erlaubt uns ja noch nicht zu sagen, ob
er wahr oder falsch ist! Und das, was wir als wahr oder falsch
bezeichnen können, ist *keine* Aussage in Ayers Sinn.

einmal darüber nachdenkt, kann man auch nicht aus einer Gruppe von Sätzen diejenigen herauspflücken, die als Evidenz für die anderen zu gelten hätten, die also »prüfbar« wären oder »unkorrigierbar« oder »absolut richtig«. Welche Art von Sätzen als Evidenz für etwas geäußert werden, hängt wiederum von den Umständen des jeweiligen Falles ab; es gibt keine besondere Art von Sätzen, die *an sich* beweiserbringend wären, ebenso wie es keine Art von Sätzen gibt, die *an sich* überraschend oder zweifelhaft oder gewiß richtig oder unkorrigierbar oder wahr sind. Während also Carnap ganz recht hat, wenn er sagt, daß es keinen besonderen Typ von Sätzen gibt, den man auswählen *muß*, um die Evidenz für die übrigen Sätze zu erbringen, hat er andererseits durchaus unrecht zu meinen, daß es *irgendeine* Art von Sätzen gibt, die man dafür auswählen *könnte*. Die Frage ist nicht, *wie* wir so etwas anstellen könnten; es besteht vielmehr gar nicht die Möglichkeit einer solchen Wahl. Und daher hat Ayer auch unrecht zu glauben – wie er es offensichtlich tut –, daß diese beweiserbringenden Sätze [evidence-providing sentences] immer Sinnesdaten-Sätze sind – so daß es *diese* sind, die man auswählen sollte.

Dieser Gedanke, daß es eine bestimmte Art oder Form von Sätzen gibt, welche an sich unkorrigierbar und beweiserbringend sind, erscheint mir wichtig genug für eine etwas ausführlichere Widerlegung. Ich möchte zuerst die Unkorrigierbarkeit betrachten. Das Argument – so will mir scheinen – beginnt mit der Beobachtung, daß es Sätze gibt, die man als intrinsisch waghalsiger bezeichnen könnte als andere, solche, in denen wir gewissermaßen mehr riskieren, wenn wir sie äußern. Wenn ich z. B. sage, »das ist Sirius«, so habe ich unrecht, wenn es zwar ein Stern, aber eben nicht der Sirius ist; während, wenn ich nur gesagt hätte, »das ist ein Stern«, mich die Tatsache, daß es nicht Sirius ist, nicht berührt hätte. Und wiederum, hätte ich nur gesagt, »das sieht aus wie ein Stern«, so hätte ich mit ziemlicher Gleichgültigkeit die Entdeckung ertragen, daß es kein Stern ist. Und so fort. Überlegungen dieser Art scheinen den Glauben zu erwecken, daß es eine Sorte von Sätzen gibt, die man aussprechen kann, ohne *irgendein* Risiko einzugehen, wo die Verpflichtung absolut minimal ist; so daß prinzipiell *nichts* darauf hinweisen könnte, daß man einen Fehler gemacht hat und die Aussage »unkorrigierbar« wird.

Dieses erstrebte Ziel ist jedoch völlig unerreichbar. Es gibt keine Art von Sätzen – und es kann keine geben –, die an sich hinterher, nachdem man sie geäußert hat, nicht zu korrigieren oder zurückzunehmen wären. Ayer selbst, obwohl er bereit ist zu sagen, daß Sinnesdaten-Sätze unkorrigierbar sind, räumt eine Möglichkeit ein, wie sie zu korrigieren wären: Es ist nämlich, so gibt er zu, immer prinzipiell möglich, daß ein Sprecher das *falsche Wort* gewählt hat, ganz egal, wie vorsichtig er sich ausdrücken wollte, und daß man ihn dazu bringen kann, dies zuzugeben. Aber Ayer versucht dies als eine ganz triviale Einschränkung abzutun. Er denkt offenbar hier nur an die Möglichkeit, ein Sich-Versprechen zuzugeben, an reine Wortverwechslungen (oder natürlich auch an Lügen). Aber dies ist nicht so. Es gibt mehrere Möglichkeiten als nur diese, ein falsches Wort zu produzieren. Ich kann z. B. fälschlicherweise »magentarot« sagen, indem ich mich verspreche, während ich eigentlich »zinnoberrot« sagen wollte; oder auch, weil ich nicht genau weiß, was *Magenta* eigentlich ist, welche Schattierung »magentarot« genannt wird; oder aber auch, weil ich die Farbe vor mir nicht richtig gesehen oder bemerkt oder klassifiziert habe oder dies nicht konnte. Es besteht also immer die Möglichkeit, daß ich nicht nur zugeben muß, daß »magentarot« nicht das richtige Wort für die Farbe vor meinen Augen ist, sondern *auch*, daß ich einsehen muß oder mich vielleicht daran erinnern kann, daß die Farbe vor mir eben nicht *Magenta* ist. Und dies gilt ebenso für den Fall, in dem ich sage, »es scheint mir persönlich hier und jetzt so, als sähe ich etwas Magentarotes«, wie für den Fall, in dem ich sage, »das ist magentarot«. Die erste Aussage mag vorsichtiger sein, aber sie ist nicht *unkorrigierbar*.[3]

3. Ayer *übersieht* nicht etwa die Möglichkeit der falschen Beschreibung, mangels Aufmerksamkeit oder Unfähigkeit etwas zu bemerken oder zu unterscheiden: im Falle der Sinnesdaten *lehnt er sie* einfach *ab*. Aber diese Haltung ist teilweise zum Scheitern verurteilt und teilweise unverständlich. Zu behaupten, ein Sinnesdatum habe die Eigenschaften, die es zu haben scheint, ist ungenügend für den Zweck, da es *nicht* unmöglich ist, sich zu irren, selbst, wenn man nur sagen will, welche Eigenschaften ein Ding zu haben *scheint*: man hat z. B. sein Aussehen nicht sorgfältig genug betrachtet. Aber zu behaupten, ein Sinnesdatum *sei* eben das, wofür es der Sprecher hält – so daß, wenn er etwas anderes *sagt*, es ein anderes Sinnesdatum sein muß –, das heißt soviel wie aufrichtig gesprochene Sinnesdaten-Sätze durch ein *fiat* wahrzumachen. Wenn dies so wäre, wie könnten dann Sinnesdaten nichtlinguistische Einheiten sein (wie sie es sein sollten), *von* denen

Gut – aber man könnte sagen: selbst wenn solche vorsichtigen Aussagen nicht intrinsisch unkorrigierbar sind, so gibt es dennoch viele Fälle, in denen das, was wir durch sie äußern, *in der Tat* unkorrigierbar ist – d. h. Fälle, in denen man nichts vorweisen könnte, auf Grund dessen man sie zurücknehmen müßte. Nun ja, dies ist ohne Zweifel richtig. Aber genau dasselbe trifft auf Aussagen zu, in denen ganz andere Wortverbindungen gebraucht werden. Denn wenn es stimmt, daß es gar nichts gibt, was als triftiger Grund dafür gelten könnte, daß ich eine Aussage zurücknehme, so kann das nur deshalb so sein, weil ich in der bestmöglichen Lage bin, diese Aussage zu machen – ich vertraue ihr *absolut* und habe dazu auch das Recht, während ich sie mache. Aber ob dies der Fall ist oder nicht, hängt nicht davon ab, welchen *Satz* ich benutze, um die Aussage zu machen, sondern unter welchen *Umständen* ich sie mache. Wenn ich sorgfältig einen Farbfleck in meinem Gesichtsfeld betrachte und untersuche, wenn ich gut Deutsch spreche und genau auf meine Worte achte und dann sage, »es scheint mir soeben, als sähe ich etwas Rosafarbenes«, so gibt es nichts, was man mir vorzeigen könnte, um mir einen Irrtum nachzuweisen. Andererseits jedoch, wenn ich eine Zeitlang bei gutem Licht ein Tier wenige Meter vor mir beobachte, wenn ich es vielleicht anstubse, daran rieche und auf die Töne lausche, die es von sich gibt, mag ich vielleicht sagen, »das ist ein Schwein«, und dies wird ebenso »un-

wir Kenntnis haben, *auf* die wir uns beziehen – das, an dem die faktische Wahrheit aller empirischen Aussagen letztlich geprüft wird?

korrigierbar« sein – denn man könnte nichts vorzeigen, um mir einen Irrtum nachzuweisen. Sowie man nur die Idee fallenläßt, daß es eine spezielle *Sorte* von *Sätzen* gibt, die *an sich* unkorrigierbar wäre, muß man auch zugeben (was sowieso offensichtlich wahr ist), daß man viele Sorten von Sätzen äußern kann, um Aussagen zu machen, welche tatsächlich unkorrigierbar sind – in dem Sinne nämlich, daß, wenn sie gemacht werden, die Umstände dafür garantieren, daß sie ganz bestimmt und unwiderruflich *wahr* sind.

Betrachten wir als nächstes die Sache mit der Evidenz[4] – die Idee nämlich, daß es da wieder eine spezielle Sorte von Sätzen gibt, deren Funktion es ist, die Evidenz darzulegen, auf der andere Arten von Sätzen basieren. Auch dies ist mindestens auf zweierlei Weise falsch.

Erstens ist es nicht der Fall – wie diese Theorie unterstellt –, daß immer, wenn eine Aussage über ein »materielles Ding« gemacht wird, der Sprecher auch Evidenz dafür hat oder vorweisen kann. Dies klingt zwar plausibel genug, ist jedoch ein grober Mißbrauch des Begriffs der »Evidenz«. Die Situation, in der man richtigerweise sagen würde, daß ich *Evidenz* für die Aussage habe, daß ein Tier ein Schwein ist, ist z. B. die, in der ich das Vieh nicht tatsächlich sehe, wohl

---

4. (Anm. d. Übers.) Das englische Wort »evidence«, das ich mit »Evidenz« übersetzt bzw. nicht übersetzt habe, bedeutet »Beweis«, »Zeugnis«, aber auch »Anzeichen (von)«, »Beleg (für etwas)«. Es wäre in diesem und den folgenden Abschnitten manchmal das eine, manchmal das andere Wort dafür zu setzen, um den englischen Sinn genau zu treffen.

aber seine Hufabdrücke auf dem Boden vor seinem Stall. Finde ich ein paar Eimer mit Schweinefutter, so ist das weitere Evidenz, und seine Geräusche und sein Geruch mag mir noch bessere geben. Aber, wenn das Tier dann herauskommt und voll sichtbar vor mir steht, dann ist es keine Frage der Ansammlung von Evidenz mehr: sein Erscheinen ist kein weiteres Anzeichen dafür, daß es ein Schwein ist, sondern ich kann dies jetzt einfach *sehen*; die Frage ist erledigt. Und ich hätte dies natürlich unter anderen Umständen gleich von Anfang an sehen können und mir nicht die Mühe machen müssen, Evidenzen zu sammeln.[5] Weiterhin: wenn ich einen Mann einen anderen erschießen sehe, so mag ich als Augenzeuge Zeugnis (Evidenz) geben vor denjenigen, die nicht in der Lage waren, es zu sehen; aber ich *habe* keine Evidenz (Anzeichen, Beweise) für meine eigene Aussage, daß der Schuß gefallen ist – ich habe es tatsächlich *gesehen*. Wiederum müssen wir also bedenken, daß man die Situation in Betracht ziehen muß, in der man die Worte ausspricht, nicht nur die Worte selbst. Jemand, der sagt, »es ist ein Schwein«, hat manchmal Beweise (Evidenz) dafür, manchmal nicht; aber, man kann nicht sagen, daß der Satz »es ist ein Schwein« als solcher von der Art wäre, für die man Evidenz wirklich benötigt.

---

5. Ich habe, so wird man sagen wollen, die »Evidenz meiner Augen« (das Zeugnis meiner Augen). Aber der springende Punkt hier ist gerade der, daß dies *nicht* den normalen Gebrauch des Wortes »Evidenz« illustriert – daß ich nämlich *keine* Evidenz [Anzeichen] im normalen Sinne habe.

Zweitens aber ist es nicht der Fall, daß das Erbringen von Evidenz die Funktion irgendeiner speziellen Art von Sätzen ist – wie der oben betrachtete Fall bereits gezeigt hat. Die Evidenz, soweit vorhanden, für eine »materielles-Ding«-Aussage wird gewöhnlich in eben solcher Aussage formuliert sein. Aber ganz allgemein kann *jede* Art von Aussage Zeugnis ablegen für *jede* andere Art, wenn nur die Umstände dementsprechend sind. Es ist z. B. nicht allgemein wahr, daß verallgemeinerte Aussagen sich auf Einzelaussagen stützen und nicht umgekehrt: mein Glaube, daß *dieses* Schwein Kohlrüben frißt, mag darauf beruhen, daß die meisten Schweine Kohlrüben fressen; obwohl ich natürlich unter anderen Umständen die Meinung unterstützen würde, daß die meisten Schweine Kohlrüben fressen, weil ebendieses Schwein sie frißt. Ebenso – und vielleicht relevanter für das Thema der Perzeption – ist es nicht allgemein richtig, daß Aussagen darüber, wie die Dinge sind, sich auf Aussagen »stützen«, wie die Dinge aussehen, erscheinen oder zu sein scheinen, und nicht umgekehrt. Ich mag z. B. sagen: »diese Säule ist dick«, weil sie so aussieht; aber ebenso könnte ich unter anderen Umständen sagen, »diese Säule sieht dick aus«, weil ich sie gerade errichtet habe, und ich habe sie dick *gebaut*.

Wir sind jetzt in der Lage, ganz kurz die Idee zu behandeln, daß »materielles-Ding«-Aussagen *an sich* nicht endgültig verifizierbar sind. Dies ist genauso falsch wie die Idee, daß Sinnesdaten-Aussagen an sich unkorrigierbar sind. (Es ist nicht nur »irreführend«, wie Ayer einzuräumen bereit ist.) Ayers Theorie ist

die, daß »der Begriff der Gewißheit [certainty] sich
auf Aussagen *dieser Art* nicht anwenden läßt«.[6] Und
seine Gründe dafür sind die, daß man, um eine solche
Aussage endgültig zu verifizieren, die logisch unmögliche Leistung zu vollbringen hätte, »eine unendliche
Reihe von Verifikationen zu vollziehen«. Denn wie
viele Tests wir auch mit positivem Ergebnis vollziehen
können, wir können nie *alle* der möglichen Untersuchungen vollenden, denn ihre Anzahl ist unendlich;
und nicht *weniger* als *alle* der möglichen Nachprü-
fungen würden *genügen*.
Warum nur stellt Ayer – und nicht nur er – diese
außerordentliche Theorie auf? Es ist natürlich nicht
allgemein richtig, daß Aussagen über »materielle
Dinge« als solche »verifiziert« werden *müssen*. Wenn
z. B. jemand in einer beiläufigen Unterhaltung erwähnt, daß er »übrigens in Oxford lebe«, so mag der
andere, wenn es ihm der Mühe lohnt, diese Behauptung verifizieren. Der *Sprecher* jedoch braucht das
nicht zu tun – er weiß, daß es wahr ist (oder auch
falsch, wenn er nämlich lügt). Genau genommen ist es
gar nicht nur der Fall, daß er es nicht *nötig* hat,
seine Aussage zu verifizieren; vielmehr ist es so, daß
nichts, was er tun könnte, als ihre »Verifizierung«
zählen würde. Er braucht auch nicht nur deshalb in
dieser Lage zu sein, weil er seine Aussage schon früher

6. Er hat übrigens auch unrecht (wie auch viele andere),
wenn er glaubt, daß der »Begriff der Gewißheit« auf die
»Aussagen *a priori* der Logik und Mathematik« als solche *zutrifft*. Viele Aussagen der Logik und Mathematik sind nicht
absolut gewiß [certain]; und wenn viele es doch sind, so liegt
das daran, daß sie besonders streng bewiesen sind – und nicht
daran, daß sie eben Sätze der Logik und Mathematik sind.

einmal verifiziert hätte; denn von wie vielen Leuten, die alle genau wissen, wo sie wohnen, könnte man sagen, daß sie je *verifiziert* haben, wo sie wohnen? Wann hätten sie das denn tun können? Auf welche Weise? Und warum? Wir haben es hier mit einer falschen Theorie zu tun, die ein Spiegelbild der falschen Doktrin von der Evidenz ist, die wir gerade besprachen. Denn die Idee, daß Aussagen über »materielle Dinge« *an sich* verifiziert werden müßten, ist genauso falsch und auf dieselbe Art falsch wie die Idee, daß Aussagen über »materielle Dinge« *an sich* auf Evidenz beruhen müssen. Und beide Ideen gehen deshalb in die Irre, weil sie den verbreiteten Fehler begehen, die *Umstände* zu ignorieren, *unter denen* die Dinge gesagt werden, in dem Glauben, daß man *die Worte allein* betrachten kann, und zwar auf ganz allgemeine Weise.

Aber selbst, wenn wir uns auf Situationen beschränken, in denen Aussagen verifiziert werden können und müssen, sieht die Sache immer noch verzweifelt aus. Warum sollte man denn glauben, daß solch eine Verifikation niemals endgültig oder schlüssig sein kann? Wenn Sie mir z. B. sagen, daß im Nebenzimmer ein Telefon steht und ich das nicht ganz glaube und mich deshalb entschließe, dies zu verifizieren – wie kann man meinen, daß es mir unmöglich sein soll, dies auf schlüssige Weise zu tun? Ich gehe ins Nebenzimmer, und da ist tatsächlich etwas, was genau wie ein Telefon aussieht. Aber vielleicht ist es ein illusionistisches Gemälde? Das läßt sich leicht herausfinden. Oder vielleicht eine Attrappe, nicht angeschlossen und ohne Funktion? Nun, ich kann es auseinandernehmen und dies feststellen oder versuchen, jemanden damit anzurufen oder mich auch anrufen lassen, um ganz sicher zu sein. Und indem ich all dies tue, *werde* ich ganz sicher gehen; denn was könnte sonst noch nötig sein? Man hat dieses Ding nun schon genügend Prüfungen unterzogen, um festzustellen, daß es wirklich ein Telefon ist; und es ist auch nicht etwa so, daß dies nur für den täglichen oder gewöhnlichen oder praktischen Gebrauch genügt – daß es nur *so gut wie* ein Telefon ist: nein, was alle diese Prüfungen besteht, *ist* zweifellos ein Telefon.

Wie man jedoch erwarten konnte, hat Ayer einen Grund für seine außergewöhnliche Meinung. Er glaubt, als einen Teil seiner allgemeinen These, daß es – obwohl seiner Meinung nach Aussagen über »materielle Dinge« den Aussagen über Sinnesdaten niemals strikt äquivalent sind – doch wahr ist, daß »wenn man etwas über ein materielles Ding sagt, man auch etwas, aber nicht dasselbe, über eine Klasse von Sinnesdaten sagt«. Oder, wie er es manchmal ausdrückt: eine Aussage über ein »materielles Ding« *hat* »eine Klasse von Aussagen über Sinnesdaten« *zur Folge*. Aber – und das ist seine Schwierigkeit – es gibt keine *bestimmte* oder *endliche* Klasse von Aussagen über Sinnesdaten, die aus irgendeiner Aussage über ein »materielles Ding« folgten. Das heißt, gleichgültig, wie emsig ich die Aussagen über Sinnesdaten untersuche, die aus einer Aussage über ein »materielles Ding« folgen, kann ich doch nie die Möglichkeit ausschließen, daß es *andere* Sinnesdaten-Aussagen gibt, die ebenfalls daraus folgen, sich aber bei Nachprüfung als unwahr herausstellen. Natürlich, wenn

ein Satz einen falschen anderen Satz zur Folge hat, so
mag er selbst sich als falsch entpuppen; und dies ist
eine Möglichkeit, die sich nach der Theorie prinzipiell
nicht endgültig ausschließen läßt. Und da, wiederum
nach der Theorie, Verifikation ebendarin besteht,
Aussagen über Sinnesdaten auf diese Weise nachzu-
prüfen, folgt daraus, daß Verifikation *niemals* endgültig sein kann.[7]

Von den vielen Elementen dieser Theorie, die man
beanstanden könnte, ist das seltsamste wohl der Gebrauch, den sie vom Begriff der Folgerung macht.
Was *folgt* denn aus dem Satz »das ist ein Schwein«?
Nun, vielleicht gibt es irgendwo eine von irgendeiner
zoologischen Autorität herausgegebene Aufstellung
der notwendigen und hinreichenden Bedingungen dafür, der Gattung *Schwein* anzugehören. Und daher
folgt vielleicht, wenn wir das Wort »Schwein« strikt
in diesem Sinn gebrauchen, daraus, daß wir ein Tier
ein Schwein nennen, auch, daß es diese Bedingungen
erfüllt, – was immer sie sein mögen. Aber dies ist
offensichtlich nicht die Art von Folgerung, an die
Ayer denkt. Und sie ist auch nicht besonders relevant
für den Gebrauch, den Nicht-Experten von dem Wort
»Schwein« machen.[8] Aber welche andere Art von Fol-

7. Materielle Dinge sind wie Lege(mosaik)spiele zusammenge-
setzt; da die Anzahl der Stücke im Legespiel nicht [?] endlich
ist, können wir nicht wissen, ob ein Spiel perfekt ist, denn es
mag sein, daß einige Stücke fehlen oder nicht hineinpassen.
8. Die offizielle Theorie deckt sowieso nicht alles – keine Miß-
geburten, zum Beispiel. Wenn man mir auf dem Jahrmarkt ein
Schwein mit fünf Beinen zeigt, so kann ich mein Eintrittsgeld
nicht wiederbekommen, wenn ich dafür plädiere, aus dem Schwein-
Sein folge, daß es nur 4 Beine hat.

gerung gibt es denn? Wir wissen ziemlich gut, wie
Schweine aussehen, wie sie riechen und was für Geräusche sie verursachen und wie sie sich normalerweise verhalten; und zweifellos würden wir von
etwas, das gar nicht wie ein Schwein aussieht, sich
nicht wie ein Schwein benimmt und keine schweins-
artigen Geräusche oder Gerüche von sich gibt, sagen,
es sei gar kein Schwein. Gibt es aber *Aussagen* – *muß*
es sie geben – von der Form ». . . es sieht aus wie . . .«,
». . . es klingt wie . . .«, ». . . es riecht wie . . .«, von
denen wir sofort sagen würden, daß sie aus [dem
Satz] »dies ist ein Schwein« folgen? Offenbar nicht.
Wir lernen das Wort »Schwein«, wie wir die große
Mehrzahl von Wörtern für gewöhnliche Dinge lernen,
nämlich ostensiv – indem man uns in Gegenwart des
Tieres sagt *»dies* ist ein Schwein«; und deshalb – obwohl wir natürlich lernen, auf welche Art von Dingen das Wort »Schwein« in der richtigen Weise an-
gewendet werden kann und auf welche nicht – gehen
wir nicht durch irgendeine Art von Zwischenstation,
in der wir das Wort »Schwein« auf eine Menge von
Aussagen beziehen über die Art und Weise, wie die
Dinge aussehen oder sich anhören oder riechen. Das
Wort wird nicht auf diese Weise in unser Vokabular
eingeführt. Obwohl wir natürlich gewisse Erwartungen haben darüber, was der Fall ist und was nicht,
wenn es sich um ein Schwein handelt, ist es doch
gänzlich artifiziell, diese Erwartungen in der Maske-
rade von *Aussagen* zu präsentieren, die aus dem Satz
»dies ist ein Schwein« *folgen*. Und aus ebendiesem
Grund ist es bestenfalls gänzlich artifiziell, so zu
reden, als ob die *Verifikation* dessen, daß ein Tier ein

Schwein sei, darin besteht, daß man die Sätze untersucht, die aus [dem Satz] »dies ist ein Schwein« folgen. Wenn wir tatsächlich unter Verifikation das verstehen, dann erheben sich viele Schwierigkeiten: wir
wissen dann nicht, wo wir damit beginnen sollen, wie
fortzufahren und wo aufzuhören ist. Was dies jedoch
zeigt, ist nicht, daß der Satz »dies ist ein Schwein«
sehr schwer oder unmöglich endgültig zu verifizieren
wäre, sondern daß dies eine unmögliche Travestie der
Verifikation darstellt. Wenn der Vorgang der Verifikation wirklich *so* richtig beschrieben wäre, dann
könnten wir in der Tat nicht sagen, woraus die eindeutige Verifikation dafür bestünde, daß ein Tier ein
Schwein ist: Aber dies zeigt nicht, daß tatsächlich
eine Schwierigkeit bestünde zu verifizieren, daß ein
bestimmtes Tier ein Schwein ist, wenn wir die Gelegenheit dazu haben; es zeigt vielmehr nur, daß völlig falsch dargelegt wurde, was Verifikation eigentlich ist.[9]
Wir können noch die zwar davon verschiedene, aber

9. Hier noch ein Versuch, um zu zeigen, daß »Schlußfolge-
rungen« in solchen Zusammenhängen nicht am Platze sind:
Nehmen wir an, alle Meisen, die wir je gesehen haben, hätten
Bärte, so daß wir sagen könnten, »alle Meisen haben Bärte!«.
Folgt daraus, daß, was keinen Bart trägt, keine Meise ist? Nicht
wirklich. Denn wenn nun bartlose Meisen in einem neu er-
forschten Gebiet entdeckt würden, so hätten wir natürlich *sie*
nicht gemeint, als wir sagten, alle Meisen hätten Bärte. Wir
müssen dies jetzt neu überdenken und vielleicht diese neue Art
von bartlosen Meisen als solche anerkennen. Gleicherweise trifft,
was wir heute über die Meisen sagen, *in gar keiner* Weise auf
die prähistorische Steinzeit-Meise zu oder auf die Meise in
ferner Zukunft, die vielleicht durch Atmosphärenveränderun-
gen federlos geworden ist.

doch verwandte Überlegung anfügen, daß es – obwohl wir ziemlich genaue Vorstellungen darüber haben, was bestimmte Objekte tun und nicht tun können und wie sie in der einen oder anderen Situation reagieren werden – wiederum höchst willkürlich wäre, diese in der Verkleidung von exakten Schlüssen darzustellen. Es gibt eine große Anzahl von Dingen, von denen ich weiß, daß sie ein Telefon nicht tun kann, und zweifellos eine unendliche Anzahl von Dingen, von denen ich nie die Möglichkeit erwägen würde, daß es sie tun könnte; trotzdem wäre es völlig absurd zu sagen, daß aus [dem Satz] »dies ist ein Telefon« die ganze Phalanx von Aussagen darüber, daß es diese Dinge nicht tun würde oder könnte, *gefolgert* werden könnte, und daraus zu schließen, daß ich nicht *wirklich* festgestellt habe, daß etwas ein Telefon sei, bis ich nicht, *per impossibile*, die ganze unendliche Klasse dieser vermuteten Folgerungen bestätigt habe. Folgt aus »dies ist ein Telefon« der Satz »du kannst es nicht essen«? Muß ich versuchen, es zu essen und muß der Versuch scheitern, bevor ich sicher sein kann, daß es ein Telefon ist?[10]

10. Die Philosophen haben, glaube ich, die Tatsache zu wenig beachtet, daß die meisten Worte im Normalgebrauch ostensiv definiert werden. Z. B. hat man es oft für ein Rätsel gehalten, warum A nicht B *sein kann*, wo doch aus A-Sein nicht *folgt*, daß es nicht B ist. Aber es ist oft einfach so, daß »A« und »B« als Worte für ganz *verschiedene Dinge* eingeführt oder ostensiv definiert wurden. Warum kann Herz-Bube nicht die Pik-Dame sein? Vielleicht brauchen wir einen neuen Ausdruck: »ostensiv analytisch«?

Die Schlüsse, die wir bisher ziehen konnten, lassen sich nun so zusammenfassen:

1. Es gibt keine *Art* oder *Klasse* von Sätzen (»Aussagen«), von denen man sagen könnte, daß sie *an sich*

a) unkorrigierbar sind;
b) als Evidenz für andere Sätze gelten können; und
c) die untersucht werden müssen, damit andere Sätze verifiziert werden können.

2. Es ist nicht wahr, daß Sätze über »materielle Dinge« *an sich*

a) durch Evidenz gestützt werden müssen oder auf ihr basieren,
b) verifiziert werden müßten;
c) nicht endgültig verifiziert werden können.

Tatsächlich können Sätze – im Gegensatz zu *Aussagen, die unter bestimmten Umständen* gemacht werden – *überhaupt* nicht nach diesen Grundsätzen aufgeteilt werden, weder in zwei Gruppen noch in irgendwelche Gruppen. Und dies bedeutet, daß die allgemeine Theorie der Erkenntnis, die ich am Anfang dieses Abschnitts skizziert habe und die als der eigentliche Übeltäter all den besprochenen Theorien zugrunde liegt, *radikal* und *prinzipiell* falsch angelegt ist. Denn selbst wenn wir von der sehr riskanten und mutwilligen Annahme ausgingen, daß, was eine bestimmte Person zu einem bestimmten Zeitpunkt an einem bestimmten Ort weiß, sich in ein Gebilde von Grundlagen und Superstruktur [Aufbau] analysieren ließe, so wäre es doch ein Fehler zu glauben, dasselbe ließe sich für die Erkenntnis *im allgemeinen* machen. Dies ist unmöglich, weil es keine *allgemeine* Antwort auf die Fragen geben *kann*: was denn als Evidenz wofür zu gelten hat, was gewiß, was zweifelhaft ist, was Evidenz braucht, was nicht, was verifiziert werden kann und was nicht. Wenn Erkenntnistheorie darin besteht, Grundlagen für solch eine Antwort zu finden, dann gibt es sie nicht.

Bevor wir dieses Thema verlassen, müssen wir noch eine These besprechen, die der »zwei Sprachen«. Diese letzte Theorie ist falsch aus Gründen, die von den soeben besprochenen etwas abweichen, und sie ist deshalb von eigenem Interesse.

Es ist nicht ganz leicht zu sagen, worin diese Theorie eigentlich besteht, und deshalb will ich sie in Ayers eigenen Worten wiedergeben (mit meinen Hervorhebungen). Er sagt zum Beispiel: »Während der Sinn eines Satzes, der sich auf ein Sinnesdatum bezieht, *ganz genau* durch die Regel *bestimmt* wird, die ihn mit diesem Sinnesdatum verbindet, ist solche *Genauigkeit* nicht erreichbar in dem Fall eines Satzes, der sich auf ein materielles Ding bezieht. Denn die Aussage, die solch ein Satz ausdrückt, unterscheidet sich von einem Satz über ein Sinnesdatum insofern, als es keine beobachtbaren Tatsachen gibt, die sowohl eine notwendige wie eine hinreichende Bedingung für seine Wahrheit liefern würden.«[11] Und wiederum: »... unsere Bezugnahmen auf materielle Dinge sind

11. Ayer, a. a. O., S. 110. »Beobachtbare Tatsachen« bedeutet hier, wie so oft, »Tatsachen in bezug auf Sinnesdaten« – und kann nur dies bedeuten.

vage in ihrer Anwendung auf Phänomene . . .«[12]. Es ist
vielleicht nicht ganz klar, was diese Bemerkungen bedeuten sollen; eins jedoch ist klar genug: daß nämlich
Aussagen über Sinnesdaten – und zwar alle solche
Aussagen – auf eine Weise und in einem Sinne *genau*
sind, während, im Gegensatz dazu, Aussagen über
materielle Dinge *alle* irgendwie und in irgendeinem
Sinne *vage* sind. Es ist zuerst einmal schwer einzusehen, wieso das wahr sein soll. Ist »hier sind drei
Schweine« ein vager Satz? Ist der Satz »es scheint
mir, als ob ich etwas Rosafarbenes sehe« etwa nicht
vage? Ist es der zweite Satz *notwendigerweise* präzise
auf eine Art, auf die es der erste einfach nicht sein
könnte? Und ist es nicht erstaunlich, daß Präzision
mit *Unkorrigierbarkeit* einhergehen soll und Vagheit
mit der *Unmöglichkeit der Verifikation*? Schließlich
sprechen wir doch davon, daß Leute sich in die Un-
genauigkeit »retten«: je genauer man ist, desto größer
das Risiko, unrecht zu haben, während man eine gute
Chance hat, *nicht* unrecht zu haben, wenn man sich
nur ungenau genug ausdrückt. Aber wir sollten lieber
einmal die Ausdrücke »genau« und »ungenau« [vage]
selbst gründlicher untersuchen.

»Vage« ist selbst vage. Angenommen ich sage, daß
etwas, z. B. jemandes Beschreibung eines Hauses, vage
sei. Dann gibt es eine ganze Reihe von möglichen
Eigenschaften – die nicht unbedingt Mängel sein müssen, das hinge davon ab, was verlangt wird –, die die
Beschreibung haben könnte und die mich veranlassen,
sie vage zu nennen. Es könnte z. B. (a) eine *grobe*

12. Ayer, a. a. O., S. 242.

Beschreibung sein, die mir nur einen groben Begriff davon gibt, was beschrieben wird; oder sie könnte (b) in gewissen Punkten *zweideutig* sein, so daß die Beschreibung dies oder jenes bedeuten oder auf dies oder jenes passen könnte; oder sie wäre (c) *ungenau*, indem sie die Eigenschaften des beschriebenen Gegenstandes nicht genau angibt; oder (d) *nicht* sehr *ausführlich*; oder (e) *zu allgemein* ausgedrückt, so daß sie auf eine Reihe verschiedener Fälle passen würde; oder (f) *nicht* sehr *akkurat*; oder auch vielleicht (g) *nicht* sehr *vollständig*. Eine Beschreibung könnte zweifellos alle diese Züge auf einmal aufzeigen, oder sie könnten natürlich auch einzeln, unabhängig voneinander auftreten. Zum Beispiel kann eine grobe und unvollständige Beschreibung durchaus akkurat sein, so weit sie reicht; sie kann sehr ungenau sein und doch detailliert, oder ganz eindeutig, aber doch sehr allgemein. Jedenfalls ist es klar, daß es nicht nur *eine* Art und Weise gibt, vage zu sein, oder nur eine Art, nicht vage, d. h. *genau* zu sein.

Meist ist es der *Gebrauch* von Wörtern, der eigentlich »vage« genannt wird, nicht die Wörter selbst. Wenn ich z. B. in der Beschreibung eines Hauses unter anderem sage, es habe ein Dach, so mag die Tatsache, daß ich nicht sage, *was* für ein Dach es hat, einer der Gründe sein, weshalb die Leute sagen würden, daß meine Beschreibung ein bißchen vage sei; jedoch besteht kein Grund, weshalb das Wort »Dach« selbst ein vages *Wort* genannt werden sollte. Zugegebenermaßen gibt es verschiedene Arten von Dächern, so wie es verschiedene Arten von Polizisten oder Schweinen gibt; dies soll jedoch nicht heißen, daß

jeder Gebrauch des Wortes »Dach« uns im Zweifel
darüber läßt, was denn gemeint sei. Manchmal wün-
schen wir, der Sprecher wäre »genauer«, aber dafür
müßten wir dann einen bestimmten Grund haben.
Diese Eigenschaft, auf eine beträchtliche Anzahl von
nicht-identischen Vorkommnissen anwendbar zu sein,
ist natürlich enorm häufig: viel mehr Wörter als die,
die wir »vage« nennen würden, haben sie an sich.
Wiederum kann uns fast jedes Wort in Schwierigkeiten bei Grenzfällen versetzen; aber auch das genügt
nicht, den Vorwurf der Vagheit zu rechtfertigen.
(Übrigens ist der Grund dafür, daß viele Worte diesen Zug an sich haben, nicht der, daß sie in »gegen-
ständlicher« Sprache[13] erscheinen, sondern daß sie in
der *gewöhnlichen* Sprache auftreten, in der übertrie-
bene Sauberkeit von Unterscheidungen geradezu er-
müdend wäre; sie stehen im Gegensatz zu den speziellen [technischen] Ausdrücken der »exakten Wis-
senschaften«, nicht aber zu den Worten der »Sinnesdaten«-Sprache.) Es gibt jedoch ein paar notorisch
überflüssige Worte – »Demokratie« zum Beispiel –,
deren Gebrauch uns immer im Zweifel darüber läßt,
was denn gemeint sei. Und hier ist es anscheinend
vernünftig zu sagen, das *Wort* sei vage.
Der klassische Prägungsort des Wortes »genau« ist das
Gebiet der *Meßtechnik*. Hier bedeutet Genauigkeit
den Gebrauch einer genügend fein unterteilten Skala.
»709,844 Fuß« ist eine sehr präzise Antwort auf die
Frage, wie lang das Schiff sei (obwohl sie nicht rich-

---

13. D. h. der Sprache über materielle Gegenstände [material-
object language].

tig sein muß). *Wörter* kann man als präzise bezeichnen, wenn ihr Gebrauch innerhalb enger Grenzen
angelegt ist: »Pfauenblau« ist jedenfalls ein *präziserer*
Ausdruck als »blau«. Aber es gibt natürlich keine
generelle Antwort auf die Frage, wie fein unterteilt
eine Skala oder wie eng der Gebrauch eines Wortes bestimmt sein muß, um Präzision zu erreichen;
und dies z. T. deshalb, weil der Möglichkeit immer
feinerer Unterteilungen und Unterscheidungen kein
Ende gesetzt ist; zum Teil aber auch, weil das, was
für gewisse Bedürfnisse präzise genug ist, für andere
Ansprüche viel zu grob und ungenau sein mag. Eine
Beschreibung z. B. kann ebensowenig absolut, endgültig und letztlich präzise wie absolut *komplett*
oder *vollständig* sein.

»Präzise« [precisely] kann und sollte von »genau«
[exactly] unterschieden werden. Wenn ich eine Ba-
nane mit einem Lineal messe, finde ich sie vielleicht
präzise $5^5/_8$ Zoll lang. Wenn ich jedoch meinen Zoll-
stock mit Bananen ausmesse, finde ich ihn vielleicht
genau sechs Bananen lang, obwohl ich keine große
Präzision für meine Messung beanspruchen darf.
Wenn ich eine Fuhre Sand in drei gleiche Teile
teilen soll und keine Waage habe, so kann ich das
nicht *präzise* [precisely] tun. Und wenn ich einen
Haufen von 26 Ziegelsteinen in 3 gleiche Haufen
teilen soll, so kann ich das nicht *genau* [exactly] tun.
Man könnte sagen, daß es sich um etwas Aufregendes,
besonders Bemerkenswertes handelt, wenn man »genau« sagt – wenn es *genau* zwei Uhr ist, so hat das
mehr Informationswert sozusagen, als wenn es drei
Minuten nach zwei ist; und es hat etwas Beglückendes

an sich, das exakte (genaue) Wort gefunden zu haben
(welches kein präzises Wort zu sein braucht).
Was ist dann aber mit »akkurat« [accurate]? Offensichtlich kann weder ein Wort noch ein Satz als solcher akkurat sein. Nehmen wir z. B. Landkarten, bei
denen Akkuratesse am ehesten anzutreffen ist. Eine
akkurate Landkarte ist nicht sozusagen eine Art von
Landkarte, wie z. B. eine detaillierte oder klar ge-
zeichnete Landkarte oder eine mit großem Maßstab;
ihre Akkuratesse [Genauigkeit] bezieht sich vielmehr
auf die *Übereinstimmung* der Karte *mit* dem Terrain,
das sie abbildet. Man ist auch versucht zu sagen, ein
akkurater Bericht z. B. müsse *wahr* sein, während ein
sehr präziser oder ausführlicher Bericht dies nicht sein
muß; und etwas an dieser Redeweise ist ganz richtig,
obwohl ich mich dabei nicht sehr wohl fühle. Jedenfalls ist [der Ausdruck] »unwahr, aber akkurat«
sicherlich falsch; aber »akkurat und deshalb wahr«
scheint auch nicht ganz richtig zu sein. Kommt das
nur daher, daß [das Wort] »wahr« nach [dem Wort]
»akkurat« überflüssig ist? Es wäre interessant, hier
die Beziehung zwischen »wahr« und, sagen wir,
»übertrieben« [exaggerated] zu untersuchen; wenn
»übertrieben und *deshalb* unwahr« nicht ganz richtig
klingt, könnte man statt dessen zu sagen versuchen
»unwahr *in dem Sinn, daß* es übertrieben ist« oder
»unwahr *oder vielmehr* übertrieben« oder »unwahr in
dem Maße, in dem es übertrieben ist«. Natürlich ist
kein Wort und keine Phrase an sich eine Übertreibung, ebensowenig, wie ein Wort oder eine Phrase an
sich akkurat sein kann. Aber jetzt kommen wir vom
Thema ab.

Was sollen wir also mit der Überlegung anfangen,
daß Sätze über Sinnesdaten an sich präzise sind, während Sätze über »materielle Dinge« intrinsisch vage
sind? Der zweite Teil dieses Satzes ist in gewisser
Weise verständlich. Was Ayer hier meint, scheint das
zu sein: daß aus der Existenz eines Kricket-Balles
nicht folgt, daß er eher anzusehen als anzufühlen ist
– anzusehen in einem besonderen Licht oder aus einer
bestimmten Entfernung oder einem bestimmten Gesichtswinkel und anzufühlen mit der Hand, statt mit
dem Fuß usw. . . . Dies ist natürlich durchaus richtig.
Der einzig berechtigte Kommentar dazu ist nur, daß
dies durchaus kein Grund dafür ist zu behaupten, der
Satz »dies ist ein Kricket-Ball« sei vage. Warum sollten wir sagen, er ist vage »in bezug auf Phänomene«?
Der Ausdruck soll sich doch gar nicht auf Phänomene
beziehen. Er soll vielmehr eine bestimmte Art von
Ball identifizieren – eine Art, die tatsächlich ganz
präzise definiert ist –, und er tut dies durchaus zufriedenstellend. Was sollte ein Sprecher mit der Bitte
um *größere* Präzision anfangen? Übrigens – wie wir
schon gesagt haben – wäre es ein Fehler anzunehmen,
daß größere Präzision immer von Vorteil ist – denn
es ist im allgemeinen schwieriger, präziser zu sein;
und je präziser ein Vokabular ist, desto schwerer
kann man es den Ansprüchen von neuen Situationen
anpassen.
Aber der erste Teil dieser Aussage ist viel weniger
leicht zu verstehen. Wenn Ayer sagt, »die Bedeutung
eines Satzes, der sich auf ein Sinnesdatum bezieht, ist
präzise definiert durch die Regel, die ihn mit dem
betreffenden Sinnesdatum korreliert«, so kann er

kaum damit meinen, daß solch ein Satz sich nur auf *ein bestimmtes* Sinnesdatum bezieht. Denn wenn dies so wäre, könnte es keine Sinnesdaten-Sprache geben (sondern wahrscheinlich nur »Sinnesdaten-Wörter«). Andererseits, warum sollte es denn *ganz allgemein* so sein, daß Ausdrücke, die sich auf Sinnesdaten beziehen, präzise sein müssen? Eine Schwierigkeit ist hierbei, daß Ayer nie klarstellt, ob er die »Sinnesdaten-Sprache« als etwas betrachtet, was bereits existiert und was wir gebrauchen, oder ob er es nur für eine *mögliche* Sprache hält, die im Prinzip erfunden werden könnte. Aus diesem Grund weiß man nie genau, was man denn untersuchen oder wo man nach Beispielen suchen soll. Aber dies ist für die augenblickliche Betrachtung nicht wichtig: gleichgültig, ob wir es mit einer existenten oder einer künstlichen Sprache zu tun haben, in jedem Falle besteht keine notwendige Verbindung zwischen dem Bezug auf Sinnesdaten und Präzision; die klassifizierenden Ausdrücke mögen sehr grob und allgemein sein, das spielt gar keine Rolle. Es ist wahrscheinlich richtig, daß die Bezugnahme auf Sinnesdaten nicht »in ihrer Anwendung auf die Phänomene vage sein« kann auf *ebendie* Art, auf die sie es – Ayer zufolge – in bezug auf »materielle Dinge« sein *muß*; aber dies ist ja eigentlich keine Form von Vagheit. Und selbst wenn sie es wäre, so ist es doch ziemlich klar, daß die Vermeidung dessen uns keine Präzision garantieren würde. Es gibt nicht nur eine Art, vage zu sein.

Wir können also der Zusammenfassung, die wir vor ein paar Seiten vornahmen, dieses hinzufügen: es besteht kein Grund zu sagen, daß Ausdrücke, die sich auf »materielle Dinge« beziehen, (als solche intrinsisch) vage seien; und es besteht ferner kein Grund zu glauben, daß Ausdrücke, die sich auf »Sinnesdaten« beziehen, (als solche, notwendigerweise) präzise sind.

XI

Zum Abschluß möchte ich einige Bemerkungen zu Warnocks Buch[1] über Berkeley machen. In diesem Buch, mit dessen Ansichten ich zum großen Teil übereinstimme, erweist sich Warnock als ein vorsichtiger Praktiker. Und natürlich hat er es viele Jahre später geschrieben, als Price und Ayer ihre von mir zitierten Bücher. Nichtsdestoweniger, so glaube ich, ist es wohl klar, daß einiges darin ziemlich falsch gelaufen ist: denn er hat zum Schluß eine Dichotomie zwischen zwei Arten von Aussagen geschaffen, die eine über »Ideen« und die andere über »materielle Gegenstände« von gerade *der* Art, gegen die ich die ganze Zeit argumentiert habe. Zugegebenermaßen versucht Warnock, eine Version von Berkeleys Doktrin herzustellen, die dessen unnötige Fehler und Unklarheiten beseitigt, er versucht aber nicht, seine eigene Meinung explizit darzulegen; trotzdem werden einige seiner eigenen Ansichten im Laufe der Diskussion offensichtlich. Außerdem werde ich zeigen, daß er seine Version von Berkeleys Theorien mit viel zu nachsichtigen Augen betrachtet. Es läuft alles ganz glatt; er begeht absolut keine Täuschung; aber trotzdem ist zum Schluß das Kind irgendwie mit dem Bade ausgeschüttet worden.

Warnock beginnt (in dem Abschnitt, der uns hier interessiert) damit, zu erklären, was Berkeley gemeint hatte – bzw., was er hätte meinen sollen –, als er

1. G. J. Warnock, *Berkeley*, Kap. 7–9.

sagt, daß »unsere eigenen Ideen unmittelbar wahrgenommen« werden. Warum – so fragt er zu Beginn –
hat Berkeley gegen so alltägliche Bemerkungen Einwände erhoben wie die, daß wir Stühle und Regenbogen
sehen, Wagen und Stimmen hören, Blumen und Käse
riechen? Es ist nicht deshalb, sagt Warnock, weil er
solche Bemerkungen niemals für *wahr* gehalten hätte;
sondern weil er meinte, daß, wenn wir solche Dinge
sagen, wir *lose*, lax [loosely] sprechen.[2] Obwohl es
nichts schadet, wenn ich z. B. sage, daß ich einen Wagen auf der Straße höre, so ist es doch »genau gesprochen, ein *Geräusch*, das ich tatsächlich höre«.
Und ähnlich in anderen Fällen. Unsere gewöhnlichen
Urteile über Wahrnehmungen sind immer »lose« in
dem Sinne, daß sie über das hinausgehen, was wir
tatsächlich wahrnehmen; wir machen immer irgendwelche Annahmen oder ziehen »Schlußfolgerun-
gen«.
Warnock bemerkt dazu, daß wir tatsächlich, wie
Berkeley sagt, Annahmen machen und Dinge voraussetzen, wenn wir sagen, was wir z. B. sehen; er glaubt
jedoch, daß sich Berkeley irrt, indem er meint, daß
wir deshalb immer nur lose sprechen. »Denn um rich-

2. In der Tat läßt Warnock Berkeleys Ansicht ziemlich im
Dunkeln, weil er sie auf recht beunruhigende Weise auszudrücken versucht. Abgesehen davon, daß er sagt, Berkeley sei
gegen den »losen« Sprachgebrauch, stellt er ihn auch von
Zeit zu Zeit so dar, als verfolge er absolute *Akkuratesse, Präzision, Genauigkeit* und *Klarheit*; als suche er den *korrekten*,
den *angemessenen* Gebrauch der Worte oder den Gebrauch, der
den Tatsachen *ganz gerecht* wird, der nicht mehr ausdrückt
als wir *sagen dürfen*. Er scheint all diese Begriffe für etwa
dasselbe zu halten.

tig zu berichten, was ich wirklich sehe, genügt es, meine Aussage auf das zu beschränken, was ich auf Grund meines augenblicklichen Sehens *zu sagen berechtigt* bin; und unter guten Beobachtungsverhältnissen bin ich zweifellos berechtigt zu sagen, daß ich ein Buch sehe.« Und weiterhin: »Keine Annahmen zu machen darüber, was die Geräusche verursacht, die ich höre, heißt besonders vorsichtig zu sein mit dem, was ich sage, daß ich höre; aber der korrekte Sprachgebrauch verlangt von uns nicht, immer so vorsichtig wie möglich zu sein.« Warnock meint, es sei wahr, daß die Antwort auf die Frage »Was hast du *wirklich* gesehen?« *weniger* freizügig mit den Annahmen der zusätzlichen Evidenz usw. umgehen darf als die auf die Frage »Was hast du gesehen?«; aber es sei nicht nötig, diese Annahmen ganz auszuschließen – und Berkeley habe unrecht, wenn er meint, dies sei »im *strengen Sinne*« notwendig.

Warnock hat sich jedoch hier zumindest in einem Punkt geirrt. Er erläutert den Unterschied zwischen »sehen« und »wirklich« oder »tatsächlich sehen« am Fall eines Zeugen im Kreuzverhör, dem man einschärft, er solle nur das sagen, was er *wirklich gesehen* habe; und er schließt aus diesem (einen!) Beispiel, daß man, um zu sagen, was man wirklich gesehen hat, immer etwas zurückstecken, immer ein bißchen vorsichtiger sein, den Anspruch etwas verringern muß. Aber dies ist im allgemeinen einfach nicht wahr. Es kann sogar umgekehrt sein. Ich kann zum Beispiel am Anfang sagen, daß ich einen silbrigen Fleck gesehen habe, und dann sagen, daß das, was ich tatsächlich sah, ein Stern gewesen ist. Oder ich kann als Zeuge sagen, daß

ich einen Mann sah, der aus einer Pistole einen Schuß
abgab, um nachher zu sagen: »Ich sah ihn tatsächlich
den Mord begehen!« Das heißt (um es kurz und grob
zu sagen), manchmal sehe ich angeblich *mehr*, als ich
wirklich sehe – oder glaube es zu sehen –, und manchmal *weniger*. Warnock wird von dem Fall des ner-
vösen Zeugen fasziniert. Bevor er soviel Gewicht auf
dieses Wort »tatsächlich« legt, hätte er besser nicht
nur noch viel mehr Beispiele für dessen Gebrauch
untersuchen sollen, sondern es auch mit verwandten
Wörtern wie »wirklich«, »in der Tat«, »faktisch«
usw. vergleichen sollen.

Jedenfalls, sagt Warnock, ist Berkeley gar nicht mit
der Frage beschäftigt, was wir *tatsächlich* sehen, sondern vielmehr mit seiner eigenen Frage, nämlich, was
wir *unmittelbar* sehen. Darüber sagt er, daß »dieser
Ausdruck überhaupt keinen gewöhnlichen Gebrauch
hat«, so daß Berkeley ihn, wie er meint, gebrauchen
kann, wie er will. (Dies allein ist schon überaus keck;
»unmittelbar wahrnehmen« mag vielleicht keine *klare*
Bedeutung haben, aber das Wort »unmittelbar« ist
durchaus ein gebräuchliches, und seine gewöhnliche
Bedeutung hat Implikationen und Assoziationen, auf
denen das Argument ganz wesentlich beruht.) Wie
nun gebraucht Berkeley diesen Ausdruck? Warnock
erklärt es so: »Ich sage z. B., daß ich ein Buch sehe.
Laßt uns übereinkommen, daß dies eine ganz korrekte
Ausdrucksweise ist. Dann gibt es doch in dieser Situation etwas (und zwar nicht das Buch), was *unmittelbar* gesehen wird. Denn ob weitere Untersuchungen
den Anspruch, daß ich ein Buch sehe, bestätigen oder
nicht und was auch immer ich zu sehen glaube oder

weiß und was ich auch immer sehen, berühren oder
riechen mag, wenn ich näher herankomme – es gibt
jetzt in meinem Gesichtsfeld eine gewisse farbige Gestalt oder ein Farbmuster. Dies ist es, was ich *unmittelbar* sehe... Dieses ist ›fundamentaler‹ als das
Buch selbst, in dem Sinne, daß, obwohl ich diesen
Farbfleck unmittelbar sehe und doch kein Buch *da*
sein muß, ich doch kein Buch und in der Tat *überhaupt nichts* sehen könnte, wenn nicht solche farbigen
Gebilde in meinem Gesichtsfeld auftauchten.«
Aber erklärt dies den Ausdruck »unmittelbar wahrnehmen« zur Genüge? Es scheint, daß, was ich »unmittelbar« sehe, das sein muß, was sich »in meinem
Gesichtsfeld« befindet. Aber dieser letztere Ausdruck
wird gar nicht erklärt; ist denn das Buch in meinem
Gesichtsfeld? Und wenn die richtige Antwort auf die
Frage, was sich in meinem Gesichtsfeld befindet, die
ist: »ein farbiges Gebilde«, wie Warnock meint, warum sollte man dann annehmen, daß dies »etwas, aber
nicht das Buch« ist? Es wäre doch ganz natürlich
und richtig zu sagen »Der rote Fleck dort *ist* das
Buch« (vgl. »Der weiße Punkt dort ist mein Haus«).
Indem er ignoriert, daß man von farbigen Formgebil-
den oder Farbflecken usw. sehr oft und ganz richtig
sagen kann, sie *seien* die Dinge, die wir sehen, unterschiebt uns Warnock hier ganz heimlich diese Dichotomie zwischen »materiellen Gegenständen« und Wesenheiten anderer Art, die so gefährlich ist. Außerdem
hat er selbst an mehreren früheren Stellen zugegeben,
daß Farbflecke usw. gesehen werden können und daß
man dies auch von ihnen auf ganz normale, gebräuchliche Weise behaupten kann. Warum also müs-

sen wir jetzt von ihnen sagen, daß sie *unmittelbar* gesehen werden, als ob sie einer besonderen Behandlung bedürfen?

Als nächstes nun nehmen Warnocks Ausführungen eine neue Wendung. Bis jetzt ist er offenbar Berkeley insofern gefolgt, als er eingeräumt hat, es gäbe gewisse *Wesenheiten* [entities] – die keine »materiellen Dinge« sind –, die dasjenige darstellen, was wir »unmittelbar wahrnehmen«. Aber in den nächsten beiden Kapiteln nimmt er die linguistische Attitüde an, indem er die *Art von Sätzen* zu unterscheiden versucht, die ein »Urteil der unmittelbaren Wahrnehmung« ausdrükken. Er geht von Berkeleys Diktum aus, demzufolge »die Sinne keine Schlüsse ziehen«, und unternimmt dann den gewohnten Prozeß der Verfeinerung und des Zusammenschneidens, um zu der idealen, grundlegenden, minimalen Form des Urteils [assertion] zu gelangen. Aber er hat einen schlechten Start, der seinen Untergang schon vorausahnen läßt. Er sagt nämlich, daß das, was er sucht, eine Art von Urteil ist, »in dem wir ›keine Schlüsse‹ ziehen oder (wie wir besser sagen sollten) in dem wir nichts voraussetzen, keine Annahmen machen«. Es ist evident aus seiner Formulierung, daß er den inzwischen bekannten Fehler macht anzunehmen, es gäbe eine besondere Form von Wörtern, die diese Forderung erfüllt, während andere Formulierungen das nicht tun. Aber seine eigenen Beispiele zeigen, daß dies ein Fehler ist. »Betrachte den Satz«, so sagt er, »›ich höre einen Wagen‹. Dies ist nicht-minimal, nicht eine Aussage der ›unmittelbaren Wahrnehmung‹, denn wenn ich dieses Urteil treffe, läßt mich das Geräusch, das ich höre,

gewisse Annahmen machen, die durch weitere Untersuchungen als Irrtümer entlarvt werden könnten.«
Aber tatsächlich hängt die Frage, ob ich Annahmen
mache, die sich später als falsch erweisen, nicht von
der Form der Wörter ab, die ich gebrauche, sondern
von den Umständen, in denen ich mich befinde. Die
Situation, an die Warnock offenbar gedacht hat, ist
die, in der ich ein Wagengeräusch höre, aber nichts
außer diesem Geräusch habe, woran ich mich halten
kann. Was aber, wenn ich schon weiß, daß da drau-
ßen ein Wagen ist? Was, wenn ich ihn tatsächlich
sehen, vielleicht auch anfassen und riechen kann?
Was würde ich *dann* »annehmen«, wenn ich sage »ich
höre einen Wagen«? Welche »weiteren Untersuchungen« wären notwendig oder auch nur möglich?[3] Daß
man versucht, die Wörter »ich höre einen Wagen«
intrinsisch suspekt zu machen, indem man unterstellt,
daß ihr Ausspruch *nur* auf das Hören eines Geräu-
sches gestützt werden *kann*, ist kaum etwas anderes
als Betrug.
Warnock verdammt auch als nicht-minimal die Form
der Wörter »ich höre eine Art Summgeräusch« unter
der Annahme, daß jemand, der das sagt, kein *Ohro-
pax* benutzt; denn sonst könnte es ja ein sehr lautes
Geräusch sein, das ihm nur wie ein Summen erscheint,
weil er Wachs in den Ohren hat. Aber man kann doch

---

3. Ein Teil der Schwierigkeit rührt daher, daß Warnock nie
klarmacht, *was* eigentlich vorausgesetzt oder angenommen werden soll. Manchmal scheint er an weitere Tatsachen über die
augenblickliche Situation zu denken, manchmal an das Resul-
tat weiterer Untersuchungen durch den Sprecher, manchmal
an die Frage, was andere Beobachter berichten würden. Aber
darf man denn annehmen, daß alle diese Dinge dasselbe besagen?

nicht ernsthaft zu jemandem »aber vielleicht hast du Wachs in den Ohren« *jedesmal* dann sagen, wenn er diese Worte ausspricht! Er *nimmt* nicht notwendigerweise *an*, daß er kein Ohrenwachs trägt, er mag es vielmehr ganz genau *wissen*, daß er keines hat, und die Andeutung, daß er vielleicht doch welches trägt, könnte absolut absurd sein. Obwohl Warnock darauf Wert legt, daß weder er noch Berkeley die Absicht hätten, Zweifel an den Urteilen zu üben, die wir normalerweise äußern, indem sie für irgendeine Form von philosophischem Skeptizismus argumentierten, ist doch dieses Vorgehen, die Form von Wörtern ganz allgemein für suspekt zu erklären, natürlich eines der wesentlichsten Hilfsmittel, um skeptische Thesen einzuschmuggeln. Zu sagen, wie Warnock es tut, daß wir stillschweigende Voraussetzungen und Annahmen machen, *wann immer* wir eine normale Aussage (ein Urteil) aussprechen, bedeutet natürlich, normale Aussagen etwas riskant zu machen – und es hat wenig Sinn zu behaupten, er und Berkeley wollten das gar nicht tun. Man könnte hinzufügen, daß Warnock diese Aura der Unsicherheit noch verstärkt, indem er seine Beispiele aus dem Gebiet des Hörens nimmt. Denn es ist tatsächlich oft wahr, daß wir, wenn wir nur nach dem Geräusch gehen, irgendeinen Schluß ziehen, sobald wir sagen, was wir hören, und es ist auch oft ganz leicht zu sehen, wie man sich dabei irren könnte. Beim Sehen ist es nicht genauso, wie Warnock im stillen unterstellt; denn gerade durch das Sehen der Dinge wird die Frage eindeutig beantwortet.

Was Warnock wirklich zu tun versucht, ist jedoch,

nicht eine maximal sichere, sondern eine minimal riskante Form von Wörtern zu finden, bei deren Gebrauch wir uns in möglichst geringe Gefahr begeben müssen. Und da findet er zum Schluß die Formel »es scheint mir jetzt, daß ...« als die allgemeinste Präambel, die ihm »Unmittelbarkeit« garantiert und den Sprecher innerhalb der Grenzen »seiner eigenen Ideen« beläßt. Berkeleys Doktrin, daß materielle Gegenstände »Kollektionen von Ideen« sind, kann dann, so meint Warnock, in linguistischer Verkleidung dargestellt werden als die Doktrin, daß ein Satz über einen materiellen Gegenstand *dasselbe bedeutet wie* eine unbestimmt große Kollektion von entsprechenden Sätzen, die alle anfangen mit: »Es scheint (jemandem), als ob ...«. »Jede Aussage über irgendein materielles Ding ist in Wirklichkeit (oder kann analysiert werden als) eine unbestimmt große Klasse von Aussagen über das, was es zu sein scheint oder unter entsprechenden Bedingungen zu sein schiene, so, als ob der Sprecher und andere Leute und Gott hören und sehen, riechen, schmecken und fühlen würden.«

Nun findet Warnock mit Recht diese Version der Relation zwischen Aussagen über »materielle Dinge« und Aussagen über »Ideen« [ideas] unannehmbar. Es liegt tatsächlich etwas Absurdes in der Vorstellung, daß alles, was wir je tun können, nur darin bestehen soll, mehr und mehr Aussagen darüber anzuhäufen, wie die Dinge (zu sein) scheinen; und wenn Berkeley ebendas meinte, dann haben die Leute recht, die ihm vorwerfen, daß er »der Realität der Dinge« nicht gerecht geworden ist. Aber Warnock beläßt es nicht dabei. Er sagt ferner, daß Aussagen über »materielle

Dinge« nicht *dasselbe* sind wie Klassen von Aussagen
darüber, wie die Dinge erscheinen – die beiden Arten
von Aussagen stehen in der Beziehung von *Urteil*
und *Evidenz* zueinander oder jedenfalls in einer
»sehr ähnlichen« Beziehung. »Es besteht ein wesentlicher logischer Unterschied zwischen dem Besprechen
der Evidenz und dem Fällen eines Urteils – ein
Unterschied, den man nicht dadurch aus der Welt
schaffen kann, daß man noch so viel, noch so ent-
scheidende Evidenz zusammenträgt. ... Auf ähnliche
Weise besteht ein wesentlicher logischer Unterschied
zwischen der Aussage, wie die Dinge erscheinen und
der, wie sie sind – ein Unterschied, den man nicht
dadurch beseitigen kann, daß man mehr und mehr
Berichte darüber sammelt, wie die Dinge (zu sein)
scheinen oder erscheinen.«
Aber dieser Vergleich ist wirklich verheerend. Er bedeutet ganz offensichtlich die Wiederholung einer
Anzahl von Fehlern, die wir früher erwähnt haben –
z. B. der Idee, daß Aussagen über »materielle Dinge«
an sich immer auf Evidenz beruhen und beruhen müssen und daß es eine besondere, andere Art von Sätzen
gibt, deren Aufgabe es ist, Evidenz zu beschaffen.
Doch ob ich *Evidenz* habe oder brauche oder nicht,
ist – wie wir gesehen haben – nicht eine Frage darüber,
welche Art von Satz ich äußere, sondern in welchen Umständen ich mich befinde. Und wenn Evidenz er-
bracht oder benötigt wird, dann gibt es keine besondere Art von Sätzen, keine Form von Wörtern, in
denen das geschehen muß.
Aber Warnocks Vergleich führt auch direkt zu eben-
der Art von »Skeptizismus«, der er offiziell ab-

schwört. Denn Gerichtsurteile werden auf Grund der
Evidenz von Richtern oder Geschworenen gefällt –
das heißt, gerade von Leuten, die *nicht* tatsächliche
Zeugen der verhandelten Sache oder Situation waren.
Ein Urteil auf Grund von Evidenz zu fällen, heißt
gerade, über eine Sache zu urteilen, bei der man nicht
die Autorität aus erster Hand besitzt. Zu sagen, daß
Aussagen über »materielle Dinge« ganz allgemein wie
Gerichtsurteile sind, bedeutet, daß wir nie in der
besten Lage sind, sie zu fällen (es nicht sein können) –
so daß es, sozusagen, nicht so etwas wie einen Augen-
zeugen dafür gibt, was in der »materiellen Welt« vor
sich geht; wir können nur Evidenz sammeln. Aber
den Fall so darlegen heißt die Meinung für ganz vernünftig halten, daß wir die Wahrheit über das, was
wir von den »materiellen Dingen« sagen, niemals *wissen*, ihrer niemals *sicher sein* können; denn wir haben
ja nichts als Evidenz, auf die wir bauen könnten, wir
haben keinen direkten Zugang zu dem, was wirklich
passiert; und Urteile sind natürlich als fehlbar bekannt. Aber wie entsetzlich absurd ist es doch eigentlich zu meinen, daß ich *ein Urteil fälle*, wenn ich be-
schreibe, was direkt vor meinen Augen passiert! Es ist
gerade diese Art von Vergleich, wodurch das ganze
Unheil angerichtet wird!
Außerdem stellt Warnocks Bild der Situation diese
auf den Kopf (abgesehen davon, daß es sie verzerrt).
Seine Aussagen über »unmittelbare Wahrnehmung«
sind nicht nur nicht die Grundlage, von der aus wir
zu gewöhnlicheren, normaleren Aussagen *voranschrei-
ten*, sondern er erreicht sie (und gibt dies auch zu)
durch *Rückzieher* von den gebräuchlicheren Aus-

sagen, durch progressive Einengung. (»Da ist ein
Tiger« – »da *scheint* ein Tiger zu sein« – »da scheint
mir ein Tiger zu sein« – »es scheint mir *jetzt*, daß da
ein Tiger ist« – »es scheint mir jetzt, *als ob* dort ein
Tiger *wäre*«.) Es erscheint doch ungeheuer pervers,
daß als die Grundlage von gewöhnlichen Aussagen
eine Form von Wörtern dargelegt wird, die von einer
gewöhnlichen Aussage ausgehen und sie auch beinhal-
ten, sie aber mehr und mehr modifizieren und ein-
schränken. Man muß doch zuerst etwas auf dem Ta-
pet haben, bevor man es zerstückeln kann! Es ist
nicht so, wie Warnocks Ausdrucksweise vermuten
läßt, daß wir aufhören können, uns davor zu drük-
ken, wenn nur ein guter Grund besteht, offen heraus
zu sprechen; sondern es ist so, daß wir gar nicht *anfangen*, uns zu drücken und zurückzunehmen, wenn
nicht dafür ein guter Grund besteht, nämlich, daß
etwas in der Situation seltsam und unsauber ist.
Vor allem und ganz allgemein aber stimmt bei Warnocks Argument nicht, daß er (vielleicht durch
Berkeley verführt) die Zwei-Sprachen-Doktrin akzeptiert hat – und zeitweise auch offenbar die Zwei-
Wesenheiten-Doktrin [two-entities-doctrine]. Und die
daraus resultierende Frage, wie die Evidenz-Sprache
(»Ideen-Sprache«) mit der »materiellen-Gegenstand-
Sprache« verwandt sei, die er zu beantworten versucht, diese Frage *hat* gar keine Antwort, denn sie ist
eine total irreale Frage. Die Hauptsache ist dabei,
daß man gar nicht erst in die Lage gedrängt wird,
sie überhaupt stellen zu müssen. Warnock macht die
Dinge dadurch noch schlimmer, wie mir scheint, indem er diese besondere Formel »es scheint, als ob«

benutzt; denn sie ist schon so beladen mit der Idee,
daß man Urteile fällen, Evidenz untersuchen, versuchsweise zu Gericht sitzen müsse. Aber es gibt auch
nichts anderes, das besser wäre als Glied dieser ganzen trügerischen Dichotomie. Die richtige Verfahrens-
weise ist nicht die, der Warnock folgt, nämlich der
Versuch, die Dinge auszubessern und funktionsfähig
zu gestalten. Das geht nämlich nicht. Das richtige
Verfahren wäre, zu einem viel früheren Stadium zu-
rückzugehen und die ganze Doktrin auseinanderzu-
nehmen, bevor sie überhaupt an Boden gewinnt.

Register[1]

1. Dieses Register ist die terminologisch entsprechende Übersetzung des Index der Originalausgabe.

Inhalt

Englische Philosophie

IN RECLAMS UNIVERSAL-BIBLIOTHEK

Gilbert Ryle, Der Begriff des Geistes. Übersetzt von K. Baier. Überarbeitet von G. Patzig und U. Steinvorth. 8331 [6] (auch geb.)

Peter Frederick Strawson, Einzelding und logisches Subjekt. Ein Beitrag zur deskriptiven Metaphysik. Aus dem Englischen übersetzt von F. Scholz. 9410 [5] (auch geb.)

D. W. Theobald, Grundzüge der Wissenschaftsphilosophie. Aus dem Englischen übersetzt von E. Bubser. Oktav

Geoffrey James Warnock, Englische Philosophie im 20. Jahrhundert. Aus dem Englischen übersetzt von E. Bubser. 9309 [3] (auch geb.)

Alfred North Whitehead, Die Funktion der Vernunft. Aus dem Englischen übersetzt von E. Bubser. 9758

―――――――――

John Passmore, Der vollkommene Mensch. Eine Idee im Wandel von drei Jahrtausenden. Aus dem Englischen übersetzt von J. Schulte. 375 Seiten. Paperback
Inhalt: Vorwort – Der Vollkommenheitsgedanke – Vom Olymp zur Idee des Guten – Der gottähnliche Mensch: Aristoteles bis Plotin – Leugnung der Vollkommenheit durch das Christentum: Die Grundlagen – Pelagius und seine Kritiker – Der Vollkommenheitsgedanke im Christentum: Die asketisch-mystische Tradition – Der Vollkommenheitsgedanke im Christentum: Protestanten und Ketzer – Vollkommenheit durch gesellschaftliches Handeln: Die Voraussetzungen – Rechtsstaatler, Anarchisten und Genetiker – Vervollkommnung des Menschen durch wissenschaftlichen Fortschritt – Fortschritt durch natürliche Entwicklung: Von Joachim zu Marx – Fortschritt durch natürliche Entwicklung: Von Darwin zu Teilhard de Chardin – Verleugnung der Vollkommenheit: Die Dystopisten – Mystik und Humanität – Die neue Mystik: Das gegenwärtige Paradies – Nachwort: Das verlorene Paradies

Philipp Reclam jun. Stuttgart